Pulte

Немецкое трудовое право

Peter Pulte

Немецкое трудовое право

Компактное знание для практики

Dr. Peter Pulte
Профессор специального высшего учебного заведения
Гельзенкирхена

Verlag Personal, Recht, Management Ltd.

Bibliographische Information der deutschen Nationalbibliothek
Die Deutsche Nationalbibliothek verzeichnet diese Publikation in der Deutschen Nationalbibliographie; detaillierte bibliographische Daten sind im Internet über http://dnb.d-nb.de abrufbar.

Die diplomierte Wirtschaftsjuristin Elena Kinzle studierte an der Fachhochschule Gelsenkirchen Wirtschaftsrecht mit den Schwerpunkten Arbeitsrecht und Personalwirtschaft.
Ihre Zusatzqualifikation als staatlich geprüfte Übersetzerin für Rechtswesen erlangte sie bei der sächsischen Bildungsagentur in Leipzig.

Niederlassung Deutschland: Lindlaustr. 2a, 53842 Troisdorf

Umschlagskonzeption: Verlag Personal, Recht, Management Ltd.
Titelbild: © www.fotolia.de
Satz: Verlag Personal, Recht, Management Ltd.
Druck: Books on Demand GmbH, Norderstedt
Printed in Germany, April 2009

ISBN 978-3-941388-10-9

Предисловие

Нормы трудового права имеют огромное значение в рамках экономического порядка, так как они особым образом касаются положения человека в мире труда.

Современное трудовое право, с многочисленными зависимо занятыми работниками, развилось в ходе индустриализации 19-ого столетия из служебного права согласно договору Германского гражданского уложения. Характерно было то, что трудовой договор стал общей основой работы по найму, как и то, что вследствие избыточного предложения рабочих рук условия труда были очень плохими. Это побудило государство к изданию инструкций охраны труда и введению положения о социальном страховании. Данное развитие и регулирование права участия представителей наёмных работников в управлении предприятиями продолжались и во время Веймарской республики. В течение национал-социалистского времени это развитие было остановлено; на место коллективных соглашений вступил авторитарный порядок: Коллективные договоры менялись на, изданные государством, положения о тарифах, профсоюзы и союзы работодателей ликвидировались.

После 1945 года в Федеративной Республике Германии совершенствовались планомерно и систематически ранние положения трудового права. Это касается как производственного и межпроизводственного права участия работников, так и прав отдельного работника. Таким образом, со временем трудовое право развилось от периферии гражданского права в самостоятельную, обширную юридическую материю.

Трудовое право обозначают часто как особое право работников. При этом должно, однако учитываться, что отрегулирована не только сторона работополучателя, необходимость защиты которой признана законами трудового права в каждом современном государстве. Трудовое право охватывает также юридические интересы на стороне работодателя (защита от несправедливого нарушения интересов его предпринимательской свободы) и является, таким образом, профессиональным правом для обеих сторон.

Трудовое право регулирует, прежде всего, юридические отношения между работодателем и работником – сторонами трудового права - а также их организациями и прочими представителями их интересов.

Помимо этого оно является особой защитой для всех находящихся в зависимой деятельности людей. На переднем плане рабочей жизни стоит человек с его личной производительностью труда.

Трудовое право имеет большое значение, поскольку затрагивает личные интересы каждого и/или его профессиональные и общественные обязательства.

При составлении этой книги пришлось, по причинам наглядности и доступности, сознательно отказаться от разбора деталей, также как и от указания судебной практики и литературы.

Оглавление

1	**Классификация трудового права**	**1**
2	**Источники права**	**2**
3	**Стороны трудового договора**	**6**
3.1	Работодатель	6
3.2	Производство – предприятие	6
3.3	Работник	7
3.4	Схожие с работополучателем лица	8
3.5	Внештатные сотрудники	8
4	**Трудовой договор**	**9**
4.1	Трудовой договор и трудовое отношение	9
4.2	Обоснование трудового договора	9
4.2.1	Договорное установление	10
4.2.2	Заключение договора	11
4.2.3	Свобода договора	11
4.2.4	Содержание трудового отношения	13
4.2.5	Минимально допустимые условия труда	13
4.3	Обязанности работника	14
4.3.1	Выполнение работы	14
4.3.2	Рабочее время	15
4.3.3	Сверхурочные работы	16
4.3.4	Место работы	17
4.3.5	Долг надёжности	18
4.3.6	Работа по совместительству	18
4.3.7	Обязанность сохранения тайны	18
4.3.8	Запрет на конкуренцию	19
4.3.9	Обязанность охраны труда	19
4.4	Обязанности работодателя	19
4.4.1	Обязанность оплаты труда	19
4.4.2	Обеспечение зарплаты	20
4.4.3	Обязанность предоставления работы	20
4.4.4	Соблюдение равенства	20
4.4.5	Обязанность попечения	22
5	**Особенные формы трудового отношения**	**24**
5.1	Пробное трудовое отношение	24

5.2 Ограничение срока 24
5.2.1 Ограничение срока по объективной причине 24
5.2.2 Ограничение срока без объективной причины 25
5.2.3 Письменная форма 25
5.2.4 Окончание ограниченного сроком трудового отношения 25

5.3 Трудовые отношения с неполной занятостью 26
5.3.1 Правомочие притязания 26
5.3.2 Сроки 27
5.3.3 Запрет дискриминации / обязанности информации 27
5.3.4 Мероприятия по обучению и повышению квалификации 27
5.3.5 Запрещение необоснованного увольнения 28

5.4 Подсобные трудовые отношения 28

5.5 Незначительная занятость 28

5.6 Передача работника внаём 29

5.7 Отношение профессионального обучения 31
5.7.1 Обоснование 31
5.7.2 Обязанности обучающего 31
5.7.3 Обязанности обучающихся 32
5.7.4 Притязание на вознаграждение 32
5.7.5 Окончание 33
5.7.6 Увольнение 33

5.8 Телеработа / Надомная работа 34

6 Выплата заработной платы вопреки невыполнению обязательства работы 35

6.1 Личные препятствующие причины 35

6.2 Сохранение заработной платы в случае болезни 35

6.3 Курортное лечение 37

6.4 Заработная плата за работу по праздникам 37

6.5 Отпуск 38

6.6 Ученический отпуск 40

6.7 Охрана материнства / родительское время 40

6.8 Заболевание ребёнка 41

6.9 Уход за близкими родственниками 42

7 Ответственность в трудовом отношении 43

7.1 Нарушение обязанностей работника 43

7.1.1	Ответственность по отношению к работодателю	43
7.1.2	Ответственность по отношению к третьим лицам	44
7.1.3	Ответственность за недостачу	45
7.2	Нарушение обязанностей работодателя	45
8	**Помехи в исполнении обязательства**	**47**
8.1	Невозможность	47
8.2	Просрочка	48
9	**Неполная занятость / компенсация за зимний простой**	**51**
10	**Изобретения и рационализаторские предложения**	**53**
10.1	Изобретения	53
10.2	Технические рационализаторские предложения	53
11	**Переход предприятия к другому владельцу / предпринимательские преобразования**	**55**
11.1	Переход предприятия к другому владельцу	55
11.2	Предпринимательские преобразования	56
12	**Неплатежеспособность**	**58**
13	**Окончание трудового отношения**	**60**
13.1	Неправильный трудовой договор	60
13.2	Смерть работника	61
13.3	Ограничение срока	61
13.4	Пенсионный возраст	62
13.5	Отменяющий приговор	62
13.6	Договор о прекращении трудового правоотношения	62
13.7	Неполная занятость в старости	63
14	**Увольнение**	**64**
14.1	Получение увольнения	64
14.2	Содержание и форма увольнения	65
14.3	Право участия производственного совета / комитета представителей	65
14.4	Обычное увольнение	66

14.5	Чрезвычайное увольнение	67
14.5.1	Важная причина	68
14.5.2	Неприемлемость	68
14.5.3	Срок заявления	68
14.5.4	Увольнение по подозрению в неблагонадёжности	69
14.6	Расторжение договора с одновременным предложением заключить новый договор с изменениями	69
14.7	Запрещение необоснованного увольнения	69
14.8	Основания увольнения	70
14.8.1	Связанные с личностью основания увольнения	71
14.8.2	Определяемые ненадлежащим поведением основания увольнения	73
14.8.3	Увольнение, определяемое производственными основаниями	74
14.9	Особая защита от необоснованного увольнения	75
14.10	Процесс по защите от необоснованного увольнения	76
15	**Массовые увольнения**	**78**
16	**Правопритязания при законченном трудовом отношении**	**80**
16.1	Освобождение от работы до окончания срока договора	80
16.2	Свободное время для поиска работы	81
16.3	Запрещение конкуренции	81
16.4	Возврат денежных платежей	83
16.5	Производственное обеспечение по старости	83
16.6	Документы, связанные с трудовым отношением	84
16.7	Отказ	85
16.7.1	Отказ от прав	86
16.7.2	Неотъемлемые права	86
16.8	Свидетельство	86
16.8.1	Обязанность правдивости и доброжелательности	87
16.8.2	Время выдачи / вручения	88
16.8.3	Ответственность работодателя	88
16.9	Справка работодателя	89
17	**Законодательство об уставе предприятия**	**90**
17.1	Производственный совет	90
17.1.1	Избирательное право	91
17.1.2	Порядок проведения выборов	91

17.1.3 Состав производственного совета 92
17.1.4 Правовое положение членов производственного совета 92

17.2 Общее собрание предприятия 93

17.3 Комитет по экономическим вопросам 94

17.4 Представительство молодёжи и обучаемых 94

17.5 Индивидуальное право в уставе предприятия 94

17.6 Соучастие и содействие производственного совета 96
17.6.1 Социальные вопросы 97
17.6.2 Организация рабочего места и производственного процесса 99
17.6.3 Кадровые вопросы 99

17.7 Профессиональное обучение 101

17.8 Индивидуальные кадровые меры 101

17.9 Увольнения 102

17.10 Экономические вопросы 103

17.11 Примирительная инстанция 105

18 Европейский производственный совет 108

18.1 Соглашение об информировании и слушании 108

18.2 Европейский производственный совет в силу закона 109

18.3 Прочие определения 110

19 Закон о комитете представителей 111

20 Представительство инвалидов 113

20.1 Представительство инвалидов 113

20.2 Уполномоченный работодателя по вопросам инвалидов 115

21 Право представительства персонала 116

21.1 Организация 117

21.2 Права участия 118

22 Предпринимательское соучастие в принятии решений 120

22.1 Закон 1976 г. об участии трудящихся в управлении предприятием 120

22.2 Закон 1951 г. об участии трудящихся в управлении предприятием горнодобывающей промышленности 121

22.2.1 Участие одной трети работников в совете предприятия 122

23 Право охраны труда 124

23.1 Социальная охрана труда 125
23.1.1 Закон об охране труда молодёжи 125
23.1.2 Закон об охране материнства 126
23.1.3 Закон об инвалидах 128

23.2 Техническая охрана труда 129
23.2.1 Области регулирования охраны труда 130
23.2.2 Контроль охраны труда 131
23.2.3 Организация производственной охраны труда 132
23.2.4 Ответственность за охрану труда 134

24 Тарифное договорное право 136

24.1 Содержание тарифного соглашения 136
24.1.1 Обязательственная часть тарифного соглашения 137
24.1.2 Нормативная часть тарифного соглашения 138

24.2 Обязательное для всех соглашение тарифного договора 139

24.3 Непосредственность и обязательность 140

24.4 Прекращение прав по тарифу 141

24.5 Окончание тарифного соглашения 141

24.6 Последующее действие тарифного соглашения 141

24.7 Закон о направлении работополучателей 142

25 Забастовочная борьба 144

25.1 Забастовка 144

25.2 Локаут 145

25.3 Влияние на трудовые отношения 146

25.4 Правовые последствия для третьих лиц 148

25.5 Забастовочная борьба и устав предприятия 149

26 Юрисдикция судов по трудовым спорам 150

26.1 Суды по трудовым вопросам 150

26.2 Виды судебного процесса 151

Список ключевых слов 153

Список сокращений

AEntG	Arbeitnehmer-Entsendegesetz (Закон о направлении работополучателей)
AktG	Aktiengesetz (Закон об акционерных обществах)
AG	Aktiengesellschaft (Акционерное общество)
AGG	Allgemeines Gleichbehandlungsgesetz (Общий закон о соблюдении равенства)
ArbG	Arbeitsgericht (Суд по трудовым спорам)
ArbGG	Arbeitsgerichtsgesetz (Закон о судах по трудовым спорам)
ArbNErfG	Arbeitnehmererfindungsgesetz (Закон об изобретениях работников)
ArbPlSchG	Arbeitsplatzschutzgesetz (Закон о сохранении места работы)
ArbSchG	Arbeitsschutzgesetz (Закон об охране труда)
ArbStättV	Arbeitsstättenverordnung (Постановление о месте работы)
ArbZG	Arbeitszeitgesetz (Закон о рабочем времени)
Art.	Artikel (статья)
ASiG	Arbeitssicherheitsgesetz (Закон о производственных врачах, инженерах по технике безопасности и других специалистах по безопасности труда – Закон безопасности труда)
AÜG	Arbeitnehmerüberlassungsgesetz (Закон о передачи работника внаём)
BAG	Bundesarbeitsgericht (Федеральный суд по рассмотрению трудовых споров)
BBiG	Berufsbildungsgesetz (Закон о профессиональном обучении)
BDSG	Bundesdatenschutzgesetz (Федеральный закон о защите данных)
BEEG	Bundeselterngeld- und Elternzeitgesetz (Федеральный закон о материальной помощи родителям и декретном времени)
BetrAVG	Gesetz zur Verbesserung der betrieblichen Altersversorgung (Закон об улучшении производственного обеспечения по старости)
BetrSichV	Betriebssicherheitsverordnung (Постановление о безопасности на производстве)
BetrVG	Betriebsverfassungsgesetz (Закон об уставе предприятия)
BGB	Bürgerliches Gesetzbuch (Германское гражданское уложение)
BPersVG	Bundespersonalvertretungsgesetz (Федеральный закон о представительстве персонала)
BR	Betriebsrat (производственный совет)

BSeuchG	Bundesseuchengesetz (Федеральный закон о защите от эпидемий)
BUrlG	Bundesurlaubsgesetz (Федеральный закон о предоставлении отпусков)
BZRG	Bundeszentralregistergesetz (Федеральный закон о центральном реестре)
DrittelbG	Drittelbeteiligungsgesetz (Закон об участии одной трети работников в совете предприятия)
DV	Durchführungsverordnung (Постановление о порядке выполнения)
EBRG	Gesetz über die Einrichtung Europäischer Betriebsräte (Закон о Европейских производственных советах)
EFZG	Entgeltfortzahlungsgesetz (Закон о продолжении выплаты заработной платы)
EStG	Einkommensteuergesetz (Закон о подоходном налоге)
GBR	Gesamtbetriebsrat (Общий совет предприятия)
GenDG	Gendiagnostikgesetz (Закона о генетической диагностики)
GG	Grundgesetz (Основной закон)
GmbH	Gesellschaft mit beschränkter Haftung (Общество с ограниченной ответственностью)
GVG	Gerichtsverfassungsgesetz (Закон о судоустройстве)
HAG	Heimarbeitsgesetz (Закон о кустарном промысле)
HGB	Handelsgesetzbuch (Коммерческий кодекс)
JArbSchG	Jugendarbeitsschutzgesetz (Закон об охране труда несовершеннолетних)
KBR	Konzernbetriebsrat (Совет концерна)
KG	Kommanditgesellschaft (коммандитное общество)
KSchG	Kündigungsschutzgesetz (Закон запрещающий необоснованное увольнение)
LadSchlG	Ladenschlussgesetz (Закон о времени работы торговых предприятий)
LAG	Landesarbeitsgericht (суд земли по трудовым делам)
MitbestG	Mitbestimmungsgesetz (Закон об участии трудящихся в управлении предприятием)
MitbestErgG	Mitbestimmungsergänzungsgesetz (Закон в дополнение Закона об участии трудящихся в управлении предприятием)
MontanMitbestG	Montanmitbestimmungsgesetz (Закон об участии трудящихся в управлении предприятием горнодобывающей промышленности)
MontanMitbestErgG	Montanmitbestimmungsergänzungsgesetz (Закон в дополнение Закона об участии трудящихся в

	управлении предприятием горнодобывающей промышленности)
MuSchG	Mutterschutzgesetz (Закон об охране материнства)
MuSchV	Mutterschutzverordnung (Постановление об охране материнства)
NachwG	Nachweisgesetz (Закон о документальном подтверждении основных условий трудового отношения)
OHG	Offene Handelsgesellschaft (Открытое торговое товарищество)
PflegeZG	Pflegezeitgesetz (Закон о времени для ухода за нуждающимися в уходе родственниками)
RVO	Reichsversicherungsordnung (Имперский страховой порядок)
SchwarbG	Gesetz zur Bekämpfung der Schwarzarbeit (Закон по борьбе с незаконной деятельностью)
SGB III	Sozialgesetzbuch III (Arbeitsförderung) (Кодекс социального права, книга III, содействие трудоустройству и профессиональному образованию)
SGB VII	Sozialgesetzbuch VII (Gesetzliche Unfallversicherung) (Кодекс социального права, книга VII, государственное страхование от несчастных случаев)
SGB IX	Sozialgesetzbuch IX (Rehabilitation und Teilhabe behinderter Menschen) (Кодекс социального права, книга IX, реабилитация и участие инвалидов)
SprAuG	Sprecherausschussgesetz (Закон о комитете представителей)
TVG	Tarifvertragsgesetz (Закон о тарифных соглашениях)
TzBfG	Teilzeit- und Befristungsgesetz (Закон о неполной занятости и ограниченных сроком трудовых договорах)
UmwG	Umwandlungsgesetz (Закон о преобразовании)
VermBG	Vermögensbildungsgesetz (Закон об образовании имущества)
WO	Wahlordnung (Положение о выборах)
ZPO	Zivilprozessordnung (Гражданский процессуальный кодекс)

1 Классификация трудового права

Нормы трудового права можно отнести частично к частному праву (право трудового договора), частично к публичному праву (охрана труда, рабочее управление, процессуальное право). Наряду с этим имеется коллективное трудовое право (право организационного устройства предприятия и тарифное право), которое следует относить к третьей, отдельной категории трудового права находящейся между частным и общественным правом.

Трудовое право может подразделяться на три основных области:

Частное трудовое право	Коллективное трудовое право	Право охраны труда
Регулирует правоотношение между отдельным работником и работодателем.	Регулирует отношения релевантных в трудовом праве групп друг к другу. “Принцип социального самоуправления”.	Регулирует защиту здоровья работников и утверждает минимальные условия труда.

Частное трудовое право охватывает область, которая регулирует отношения между отдельными работодателями и работниками, как сторонами частных договорных соглашений.

Коллективное трудовое право содержит часть трудового права, которая регулирует отношения между профсоюзами и союзами работодателей также как между производственным советом и, соответственно, комитетом представителей и работодателем. К коллективному трудовому праву принадлежит, кроме того, право участия на уровне предприятия и право о тарифных соглашениях.

Право охраны труда различает между социальной и технической охраной труда и содержит инструкции защиты работника. Положения социальной охраны труда находятся, кроме всего прочего, в Законе об охране труда молодёжи и в Законе об охране материнства.

Наряду с вышеупомянутыми областями, которые регулирует трудовое право, следует дополнительно упомянуть также рабочее административное право и систему судов рассматривающих трудовые споры.

2 Источники права

Юридические источники трудового права разнообразны. Оно раскололось на едва обозримое число законных положений и не отрегулировано до сих пор большими унифицированными сводами законов, как, например, гражданское или уголовное право (никакого кодифицированного кодекса законов о труде).

Основной закон (GG)

Каталог основных прав содержит нормы, которые имеют значение для трудовой жизни:

ст. 1, 2 GG	**человеческое достоинство, свободное развитие личности**
ст. 3 GG	**равноправие мужчины и женщины**
ст. 8 GG	**свобода митингов и собраний**
ст. 9 GG	**свобода коалиций**
ст. 11 GG	**свобода передвижения и повсеместного проживания**
ст. 12 GG	**свободный выбор профессии**

Кроме того, содержит ст. 20 I, ст. 28 I Основного закона социальное решение государства и законодательство федерации распространяется Основным законом также и на трудовое право (ст. 74 пункт 12 GG).

Законы

При разнообразных законах необходимо отличать идёт ли речь о нормах императивного права или о тех, которые диспозитивные. Наряду с федеральными законами имеются законы земель, которые касаются трудового права (например: Законы стажировки, положения о праздничных днях). Как источник, относящийся к области трудового не статутного права нужно упомянуть, в первую очередь, правовые предписания (например: предписание безопасности труда на предприятии).

Юрисдикция

Несмотря на большое количество законных положений, обширные области трудового права вообще не отрегулированы законом, например: ответственность работника и право забастовочной борьбы. Особое значение здесь отводится юрисдикции.

Коллективные договоры

Наряду с законами и правовыми предписаниями большое значение для трудового права имеют коллективные договоры. Проявлением коллективного трудового права являются заключенные социальными партнерами тарифные соглашения, которые по договорённости могут являться автономными правовыми нормами. На производственном уровне коллективные договоры считаются коллективным трудовым правом, которое заключается путём письменных соглашений между работодателем и производственным советом (также комитетом представителей), § 77 Закона об уставе предприятия (BetrVG), § 28 Закона о комитете представителей (SprAuG).

Производственный правовой обычай

Следующий юридический источник – это производственный правовой обычай, который часто принимается как обычное право. Он базируется на продолжительном и одинаковом поведении работодателя, которое, в итоге, обосновывает соответствующие права на будущее. Этот принцип был признан судебной практикой, например, в связи с денежным подарком от работодателя служащим по случаю рождества, который предоставлялся на протяжении 3 лет без оговорки.

Отдельные трудовые договора

В рамках закона и коллективного регулирования, юридическим источником является также отдельный трудовой договор с его индивидуальной договорённостью между работодателем и работником.

Европейское право

Особое значение имеет европейское право. Нормы договора Европейского сообщества (ЕС) могут непосредственно влиять на индивидуальные трудовые отношения. Прежде всего, это распространяется на ст. 39 и след. (право свободного передвижения и повсеместного проживания) и ст. 141 (равенство оплаты мужского и женского труда) договора Европейского сообщества.

Законы ЕС (= предписания и директивы), а также юрисдикция Европейского суда имеют непосредственное влияние на немецкое трудовое право и более значимы, чем национальное право. Предписания имеют непосредственное и обязательное действие и не требуют имплементации в национальное право. Директивы – это не прямое право, тем не менее, они обязательны относительно их целей и обязывают национальные государства к их имплементации.

Что касается судебной практики Европейского суда, её обязательное влияние распространяется только на стороны или на представляющий суд в отдельном конкретном случае. Фактически, нижние судебные инстанции (подсуды) ориентируются на судебную практику Европейского суда.

В основном Европейское право предшествует внутригосударственному праву.

Ранговый порядок источников трудового права

Отдельные юридические источники имеют разную степень значимости, так пользуется вышестоящий источник преимуществом, а более специальный источник предшествует общему.

Вышеупомянутый ранговый принцип приводит тогда к ненадлежащим результатам, когда регулирование нижестоящей по рангу нормы, в итоге, лучше для работника, чем регулирование нормы более высокой по рангу.

Пример:
Законный минимальный отпуск составляет 24 рабочих дня, однако в тарифном договоре были оговорены 30 рабочих дней.

Здесь действует, так называемый, «принцип благоприятствования», т.е. ниже стоящая по рангу норма приобретает значимость, если она более выгодна для работника. При этом речь не должна идти об императивных законах, которые не допускают никаких исключений. Изолированный способ рассмотрения (так называемая «теория изюма») и применение самого благоприятного регулирования из всего регулирующего комплекса не допустимы.

Пример:
Работник не может комбинировать более длительный срок отпуска согласно тарифному соглашению с более высокими отпускными согласно индивидуальному договору.

Если возникает конкуренция на одинаковых ранговых позициях, к примеру, когда существует два законных положения, действует принцип преимущественного действия специального закона или порядковый принцип, согласно которому специальное регулирование предшествует общему.

Пример:
Регулирование продолжительности рабочего времени согласно Закону о рабочем времени и Закону об охране труда несовершеннолетних.

Построение рангов и ранговый порядок

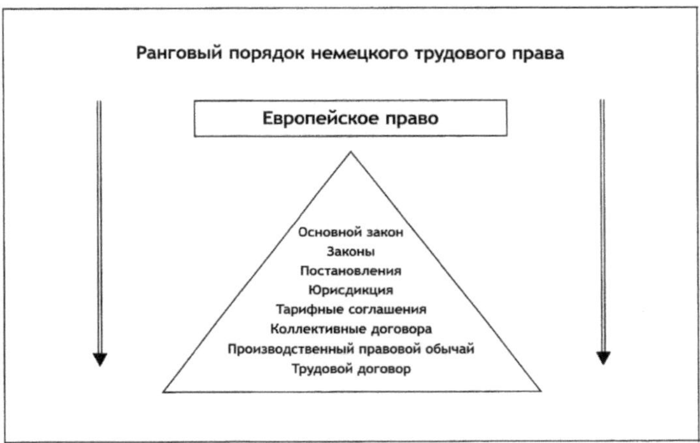

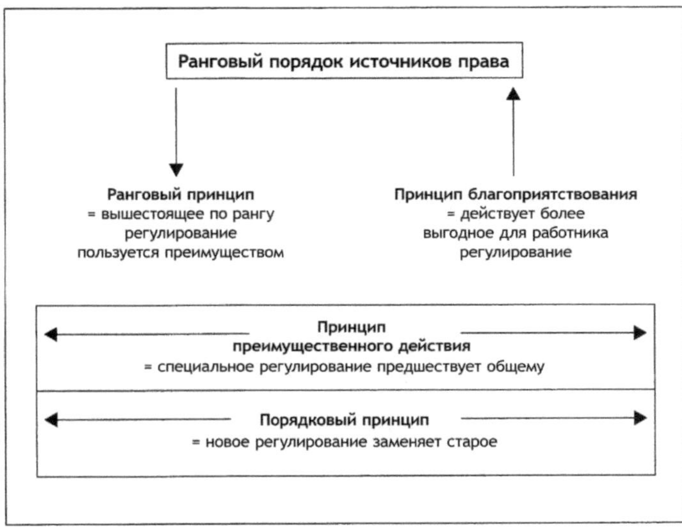

3 Стороны трудового договора

Стороны отдельного трудового договора – это работодатель и работник. Эти договорные отношения отрегулированы в Германском гражданском уложении (BGB), §§ 611 и след. BGB. Определения о трудовом договоре применяются ко всем трудовым отношениям, если им не предшествуют более специальные определения особых законов. Что касается сторон трудового права речь идёт об имеющем право требовать услуги и служебно-обязанном.

3.1 Работодатель

Работодатель – это тот (= естественное или юридическое лицо), кто занимает минимум одного работника. Он является кредитором права на производительность труда и в то же время должником заработной платы. Члены правления акционерного общества (AG) или коммерческие директора обществ с ограниченной ответственностью (GmbH) имеют похожее на работодателя положение, так как они исполняют функции схожие с функциями работодателя.

3.2 Производство - предприятие

Производство – это организационная единица, в пределах которой работодатель один или вместе с его работниками беспрестанно преследует рабоче-технические цели при использовании технических и других средств. Сообразно этому производство является производственной единицей, на которую распространяются положения, относящиеся к области трудового права. Под производственной частью нужно понимать разделимые, несамостоятельные части предприятия.

Предприятие, напротив, является организационной единицей участвующей в экономической жизни, к которой присоединены производства. В отличие от предприятия характеризует производство не преимущественно экономическая цель, а рабоче-техническая связь в рамках (пространственно связанной) организации труда.

Одно предприятие может иметь несколько производств, и наоборот несколько предприятий могут образовывать одно производство. Если несколько предприятий обобщаются, то речь идёт о концерне.

3.3 Работник

Решающим критерием для наличия качества работника является деятельность, определённая указаниями работодателя, к которой работник обязывает себя в частноправовом порядке. В сомнительных случаях является значимым подчинён ли служащий, что касается рабочего времени, распределения и исполнения переданной ему работы, контролируемым указаниям работодателя.

Пример:
Комиссионный представитель в торговом праве свободен в распределении своего времени (самостоятельный предприниматель), следовательно, не является работником, в противоположность к служащему представителю, § 84 Торгового кодекса (HGB).

Руководящие служащие – это работники, в деятельности которых преобладает частично или полностью функция работодателя. Из этого может сложиться противоположность интересов с остальными работниками, чем объясняются особенности положения руководящих служащих. Для определения отдельного работника решающим является не наименование (даже если в трудовом договоре), а фактические отношения единичного случая.

Относительно работы по найму существуют для руководящих работников следующие особенности:

- их трудовые отношения легче расторгнуть, § 14 Закона, запрещающего необоснованное увольнение (KSchG);
- они должны в большей мере соблюдать и представлять интересы работодателя;
- как правило, предполагается незаурядная производительность труда, так что отдельное возмещение сверхурочных работ не принято;
- при определённых предпосылках они могут выбирать собственное представительство интересов (комитет представителей), § 1 SprAuG;
- они имеют, согласно Закону об участии трудящихся в управлении предприятием 1976 (MitbestG), собственного представителя в наблюдательном совете (§ 15 II MitbestG);
- они не представлены советом предприятия (§ 5 III BetrVG);
- как общественные судьи они могут действовать только на стороне работодателя, § 22 II Закона о судах по трудовым спорам (ArbGG);

- положения Закона о рабочем времени на них не распространяются, § 18 I Закона о рабочем времени (ArbZG).

3.4 Схожие с работополучателем лица

Как «схожие с работополучателем» обозначаются лица, которые не лично, но экономически зависят от другого (например: работающий на дому, кустарь-надомник). Эта группа людей во многих отношениях приравнивается к работникам. Разумеется, применяются не все, относящиеся к области трудового права, защитные определения, а только те, которые специально расширяют свою сферу действия на схожих с работополучателем лиц § 2 Федерального закон об отпусках (BUrlG); § 12a Закона о тарифных соглашениях (TVG); § 5 I Закона о судах по трудовым спорам (ArbGG); § 7 I Nr. 3 Закона о времени для ухода за нуждающимися в уходе родственниками (PflegZG).

3.5 Внештатные сотрудники

Внештатные сотрудники действуют на основе трудового договора, не находясь в личной зависимости (§ 611 BGB). Трудовое право к этому свободному трудовому отношению не применяется. Имеющий право требовать услуги не несёт тех обязательств, которые в остальном вменяются в обязанность работодателю. Служебно-обязанный не может ссылаться на защиту, которая причитается работникам.

В какой мере служебно-обязанный является внештатным сотрудником не зависит от соглашения. Внештатный сотрудник, в принципе, только тот, кто несёт предпринимательский риск за реализацию своего труда, а также, по крайней мере, в общем распоряжается своей рабочей силой. Внештатный сотрудник не должен зависеть от указаний своего партнёра по договору, что касается способа и места исполнения работы, а также времени предоставления услуг.

4 Трудовой договор

Трудовой договор (§ 611 и след. BGB) является частноправовым, обязательственным и на взаимный обмен направленным договором. Он обязывает одну сторону к выполнению обещанных работ, другую к уплате оговоренного вознаграждения. Трудовой договор - это подвид договора о предоставлении услуг. В отличие от других обязательственных договоров (например: найм, купля-продажа, подрядный договор) он не исчерпывает себя на обмене имущественно ценными услугами, а обосновывает частноправовое взаимное отношение. Характерно для которого взаимное обязательство верности (на стороне работодателя называется обязанность попечения).

4.1 Трудовой договор и трудовое отношение

Трудовой договор и трудовое отношение отличаются тем, что трудовой договор представляет собой однократный акт обоснования, по которому работник обязуется к выполнению работ на службе у работодателя. Трудовое отношение, напротив, является существующим между сторонами договора юридическое отношение, т.е. в фазе исполнения понятый трудовой договор.

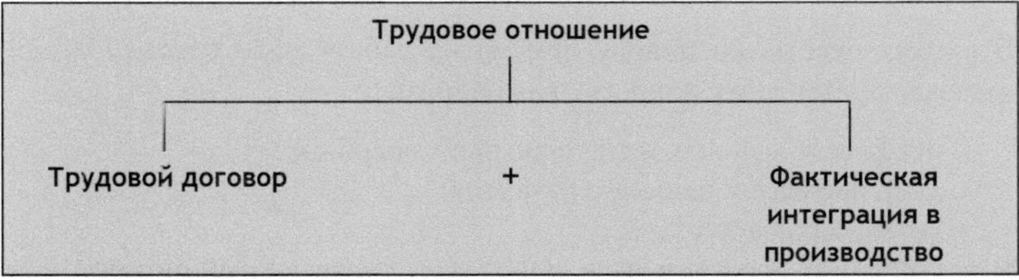

Трудовое отношение – это частноправовой и взаимность обосновывающий союз между работодателем и работником, в котором работник становится сотрудником в пределах наличествующего порядка предприятия (= теория интеграции).

4.2 Обоснование трудового договора

Перед заключением трудового договора следует обратить внимание на многочисленные особенности, относящиеся к области трудового права.

4.2.1 Договорное установление

Ведомство по труду – это важный партнёр по вопросам трудоустройства. Наряду с этим, как работодатель, так и ищущий работу могут поручить трудоустройство частным посредническим конторам

Часто ищут подходящего работника с помощью объявлений о вакансиях. Такие, в пределах предприятия и/или публичные, объявления о вакансиях должны содержать нейтральное, что касается пола, обращение к женщинам и мужчинам. А также принципиально недопустимой является ссылка на этническую принадлежность, религию или мировоззрение, возраст и сексуальную ориентацию. Формулировка объявления не должна содержать дискриминацию относительно этих личных признаков.

Если объявленное вакантное место может быть занято инвалидами, то об этом нужно информировать ведомство по труду, § 81 I Кодекса социального права, книга IX (SGB IX).

Кроме того, работодатель должен тщательно сохранять документы, прилагаемые к заявлению о приёме на работу. Если трудовой договор не заключается, документы нужно вернуть (§ 985 BGB), а возможные анкеты уничтожить (§ 1004 BGB). Работодатель обязан сохранять тайну, относительно полученных сведений.

В рамках беседы по поводу приёма на работу работодатель может задавать претенденту вопросы, как например:

- о профессиональных и специальных способностях;
- о ходе профессионального развития;
- об отметках в аттестате;
- о состоянии здоровья, если существует правомочный интерес;
- о наличии актуального ареста на заработную плату;
- о прежних судимостях, если для будущей деятельности это имеет значение;
- о существующем запрете конкуренции;
- о тяжёлых физических недостатках (инвалидности).

Принципиально недопустимы вопросы

- о предстоящем в недалёком будущем бракосочетании;
- о профсоюзной, партийной или религиозной принадлежности;
- об имущественном положении;
- о беременности.

Медицинские обследования и психологические тесты могут проводиться только в случаях предписанных законом, например: § 32 Закона охраны труда несовершеннолетних (JArbSchG) или с особого согласия претендента.

Ни в коем случае, ни до, ни после обоснования трудовых отношений работодатель не может требовать генетических исследований или анализов, а также расспрашивать или применять результаты уже проведённых исследований, § 23 Закона о генетической диагностики (GenDG). Работодатель также не должен вызывать ошибочные ожидания, которые склоняют претендента к увольнению его прежнего места.

Кроме того, в отдельном случае, каждая сторона может быть обязана раскрывать существенные обстоятельства возможного трудового отношения.

Пример:
особые ограничения по состоянию здоровья; угрожающая неплатежеспособность

4.2.2 Заключение договора

Трудовой договор состоит, как и любой другой обязательственный договор, согласно § 145 и след. BGB, из согласования предложения (оферты) и принятия согласия (акцепта). Следовательно, заключение договора предполагает, единогласные, достаточно определимые волеизъявления. Под волеизъявлениями следует понимать все действия, относящиеся к сделке, которые могут состоять из слова или письма или другого (логичного) поведения. Необязательным, однако, является окончательное регулирование, всех правовых последствий, единогласными волеизъявлениями обоих сторон. Поскольку как раз при трудовом договоре дополнительные коллективные соглашения могут влиять и оформлять юридические отношения. Но если отсутствует соглашение по существенным пунктам договора и упущение невосполнимо обстоятельствами, договор не считается заключённым.

4.2.3 Свобода договора

Заключение трудового договора подлежит, разумеется, в рамках правопорядка, правилам свободы договора. Отдельные формы проявления свободы договора - это свобода заключения, свобода оформления, свобода формы и свобода расторжения, § 105 Положения о занятии промыслом (GewO).

Свобода заключения позволяет участникам самостоятельно принимать решение, хотят ли они заключать трудовой договор друг с другом (ст. 12 GG). Свобода выбора партнёра, как составная часть свободы заключения договора, говорит о том, что можно свободно выбирать партнёра по договору. Свобода оформления и содержания договора даёт сторонам возможность, в рамках правопорядка, свободно регулировать содержание трудового договора. Однако он не должен нарушать общепринятые моральные нормы, носить ростовщический характер, нарушать инструкции по техники безопасности или положения закона об охране труда несовершеннолетних и т.д. (Например: §§ 134, 138, 242, 618 BGB).

Свобода формы свидетельствует о том, что трудовой договор может заключаться как устно, так и письменно. В отдельных случаях, письменную форму может предписывать тарифное соглашение. Исключением принципа свободы формы является оговорка в договоре об исключении конкуренции, согласно § 74 HGB. Оговорка должна быть письменной и обязывает работника, на время после прекращения договорных отношений, к соблюдению запрета конкуренции. Также соглашения о сроках требуют письменной формы, § 14 IV Закона о неполной занятости и ограниченных на срок трудовых договорах (TzBfG).

Право прекращения правоотношений означает, что заключённые договора можно снова расторгнуть.

Если договор не заключается письменно, то работодатель обязан, в течение четырёх недель после оговоренного начала трудовых отношений, вручить работнику список существенных условий трудового договора, § 2 Закона о документальном подтверждении основных условий трудового отношения (NachwG).

Изменение существенных условий договора нужно сообщать работнику письменно и самое позднее спустя один месяц после наступления изменения (§ 3 NachwG).

NachwG распространяется на всех работников, если только они не приняты на работу в качестве временных подсобных работников сроком самое большее на один месяц. Для наёмных работников и для обучающихся действуют отдельные положения о документальном подтверждении, § 11 Закона о передачи работника внаём (AÜG), § 4 Закона о профессиональном обучении (BBiG).

Исключения относительно свободы заключения договоров существуют в следующих случаях:

Инвалиды: Работодатель обязан при наличии более 20 рабочих мест занимать минимум 5% этих рабочих мест инвалидами (§ 71 I SGB IX). За каждое не занятое место работодатель должен платить компенсационную пошлину (§ 77 SGB IX). Запрет дискриминации инвалидов регулирует § 81 SGB IX.

Соблюдение равенства: Принципиально работодатель не может отказывать в приёме на работу по причинам расы или этнического происхождения, пола, религии или мировоззрения, инвалидности, возраста или сексуального тождества. Исключением являются случаи, когда определённые признаки являются необходимыми условиями данной деятельности.

ЕС-Граждани: Граждане государств Европейского сообщества не могут дискриминироваться по отношению к немецким работникам при обосновании трудовых отношений (ст. 39 Римского договора)

Государственная служба: По Основному закону каждый немец имеет согласно его пригодности, способности и специальности одинаковый доступ к любому общественному учреждению. С некоторыми исключениями, это распространяется и на членов государств Европейского сообщества.

Запреты заключать трудовой договор: Лица, имеющие тяжкую или однородную судимость, не могут занимать, обучать или надзирать определённых работников, § 25 Закона об охране труда несовершеннолетних (JArbSchG); § 28 след. Закона о профессиональном обучении (BBiG).

4.2.4 Содержание трудового отношения

Свобода оформления даёт сторонам возможность в рамках правопорядка свободно регулировать содержание трудового договора (включая тарифные соглашения и коллективные договора между работодателем и советом предприятия). Контроль содержания, установленных работодателем условий договора, происходит только с учётом особенностей трудового права (§ 310 IV BGB).

4.2.5 Минимально допустимые условия труда

Минимально допустимые условия труда (нижняя граница заработной платы и прочих условий труда) могут устанавливаться федеральным министром по труду и социальному обеспечению на основании Закона о минимальных условиях труда. Это происходит в том случае, если в данной отрасли экономики не существует профсоюзов и союзов работодателей или в них организовано небольшое количество людей, если регулирование общеобязательными коллективными договорами не является возможным или, если установление является необходимым для удовлетворения социальных и экономических потребностей работников.

До сих пор минимальные условия труда ещё не были изданы. Закон о минимальных условиях труда будет модернизироваться.

4.3 Обязанности работника

Как и любой другой договор, трудовое правоотношение представляет собой совокупность взаимных прав и обязанностей, которые находятся в зависимости друг к другу.

Обязанности в трудовом отношении	
работополучатель	**работодатель**
выполнение работы	обязанность оплаты труда
	обязанность предоставления работы
обязанность верности интересам работодателя	обязанности попечения, вспомоществования

4.3.1 Выполнение работы

Согласно § 613 BGB обязанный к предоставлению услуг обязан, в случае сомнения, персонально исполнить обещанную работу. Замещение, которое разрешается почти при всех других договорах, исключено. Производительность труда работника причитается лично работодателю, принципиально он не может переносить её на другого работодателя (§ 613 BGB).

Содержание служебной обязанности (трудовой обязанности) руководствуется императивными предписаниями закона, нормами специальных коллективных договоров, соглашениями сторон и, в зависимости от обстоятельств, производственным правовым обычаем. Согласно этому конкретизируются вид, объём и место работы, которые образуют содержание служебной обязанности. Вид и объём следуют, в большинстве случаев, из наименования должности, на которую принимается работник. Наряду с этим из бытующего представления можно заключить, что может требоваться от работника. Если не приняты более подробные соглашения, то трудовые обязанности конкретизируются, согласно § 106 Положения о занятии промыслом (GewO), правом работодателя в одностороннем порядке определять условия работы (дирекционное право работодателя). Оно охватывает право уточнять трудовую обязанность односторонними указаниями.

При этом работодатель должен действовать по справедливому усмотрению (§ 315 BGB), это значит, осуществление дирекционного права должно происходить с учётом интересов работника с одной стороны и производственных интересов с другой стороны.
Если вид деятельности описан только в общем (например: офисный подсобный работник или подсобный работник), то работник должен принимать любую работу, которую, с заключением данного договора, следовало ожидать. Чем точнее в трудовом договоре обозначена деятельность, тем ограниченней дирекционное право работодателя детально определять выполняемую работу. Назначение ниже оплачиваемой работы принципиально недопустимо, разве что трудовой договор предусматривает эту возможность.

4.3.2 Рабочее время

Рабочее время вытекает непосредственно из тарифного соглашения, трудового договора и правоохранительных предписаний закона, как Закон о рабочем времени (ArbZG), Закон об охране труда несовершеннолетних (JArbSchG), Закон об охране материнства (MuSchG). Продолжительность рабочего времени регулируется, прежде всего, Законом о рабочем времени. Он содержит публично-правовые предписания о ежедневном максимальном рабочем времени (§ 3 ArbZG), о перерывах и свободном от работы времени по окончанию трудового дня (§§ 4, 5 ArbZG), о воскресном и праздничном отдыхе § 9 ArbZG. Наряду с этим следует учитывать Закон об охране труда несовершеннолетних и Закон об охране материнства. Регулирование вопросов, как долго и сколько дней в неделю должен работать отдельный работник остается, напротив, в пределах законных лимитов, за тарифными соглашениями, коллективными договорами и отдельным трудовым договором.

Согласно § 18 ArbZG, действие Закона о рабочем времени распространяется на всех работников старше 18 лет, за исключением руководящих служащих в смысле § 5 III BetrVG.

Закон о рабочем времени исходит из принципа 8 часового рабочего дня. Однако ежедневное рабочее время может продлеваться до 10 часов, если в течение уравнительного периода, длительностью 6 месяцев или 24 недели, рабочее время в другой рабочий день соответствующим образом укорачивается, так что повседневное рабочее время не превышает в среднем 8 часов. В качестве уравнивания могут служить также выходные в рабочие дни, например: при 5-дневной неделе регулярно свободная суббота (§ 3 ArbZG).

При рабочем времени больше 6 часов следует предусматривать минимум 30 минут, а при больше чем 9 часов минимум 45 минут для перерыва (§ 4 ArbZG). Минимальное время перерыва может разделяться на несколько перерывов. При этом отдельный перерыв должен составлять минимум 15 минут. Больше 6 часов без перерыва не может быть задействован ни один работник. По окончанию рабочего времени, работнику нужно предоставлять 11 часов беспрерывного отдыха. Для работников, которые работают в основном в ночное время между 23 и 6 часами предусмотрены специальные правоохранительные предписания (§ 6 ArbZG).

Задействование работников по воскресеньям и праздникам принципиально недопустимо, кроме некоторых исключительных случаев, предусмотренных законом (§ 9 ArbZG). В тарифном соглашении или в коллективном договоре на основе тарифного соглашения могут быть оговорены отклонения от данного положения (§ 12 ArbZG).

4.3.3 Сверхурочные работы

Сверхурочные работы это работа, которую работник выполняет дополнительно к планомерно распределенному рабочему времени, отрегулированному индивидуальным, тарифным и коллективно договорным соглашениями. Если не существует никаких конкретных соглашений, то сверхурочно работать работник обязан только в исключительных случаях. Особое значение это имеет, в частности, на предприятиях, которые не подлежат тарифному обязательству и у которых нет производственного совета. Здесь сверхурочная работа должна конкретно регулироваться индивидуальным трудовым договором. В противном случае работодатель не уполномочен предписывать сверхурочные работы. Помимо этого действуют следующие ограничения:

- сверхурочные работы не могут регулярно назначаться в объеме, значительно превышающем оговоренное рабочее время;
- необходимо учитывать ограничения рабочего времени для особенных групп людей, как несовершеннолетние, беременные женщины и матери;
- любое предписание сверхурочных работ подлежит праву голоса производственного совета (§ 87 I Nr. 2 BetrVG). Это действует также в неотложных случаях или если работник соглашается со сверхурочными работами.

Сверхурочные работы нужно оплачивать или возмещать свободным временем. Закон о рабочем времени ограничивается открытыми для тарифа регулированиями компенсации времени. Принципиально нужно платить за дополнительную работу и сверхурочные работы, по меньшей мере, обыкновенное возмещение; доплаты могут быть оговорены в индивидуальном трудовом договоре или тарифном соглашении; притязание на доплату может возникать также потому, что такие доплаты на производстве или в отрасли приняты (обычный случай).

В случаях крайней необходимости и исключительных случаях сверхурочные работы должны выполняться, если преимущественные интересы работника (например: сохранение его здоровья, безотлагательные семейные обстоятельства) не противостоят этому. Принципиально сверхурочные работы допустимы только в рамках закона о рабочем времени. Кроме того, от выполнения сверхурочных работ можно отказаться.

4.3.4 Место работы

В отношении места работы действуют такие же правила, что и для вида и объёма службы. Особенная проблема может возникнуть в связи с переводом на новое место. Принципиально, перевод на другое рабочее место с теми же характерными признаками деятельности допустим, если это требуется в интересах предприятия или если это не связано с занижением заработной платы и не представляет собой какое либо неоправданное наказание, т.е. это не должно происходить необъективно или произвольно. Перевод на другое предприятие допустим с определёнными ограничениями. Изменение должно быть приемлемо для работника (например: та же самая местность).

4.3.5 Долг надёжности

Как каждое правоотношение подчинено трудовое правоотношение принципу «надёжности и доверия» (§ 242 BGB). Помимо этого присуща трудовому правоотношению, как частноправовому взаимному отношению, обязанность работника наряду с действительным оказанием услуг, сохранять производственные интересы, т.е. воздерживаться от всего, что с его стороны или со стороны третьих лиц вредит этим интересам и противодействовать подобной угрозе. Долг надёжности выходит за рамки трудовой обязанности и представляет, так сказать, идеальную часть трудовых отношений.

Объём и содержание долга надёжности руководствуются соответствующими обстоятельствами трудового отношения и нормами поведения в обществе. Здесь действует принцип, что долг надёжности тем больше и тем соответственно серьёзней его нарушение, чем ближе личная связь сторон и существующее между ними отношение доверия.

Пример долга надёжности:

- никакой конкуренции
- заботливое обращение с орудиями труда
- не принимать неположенных денег, т.е. взяток
- не нарушать производственный покой

4.3.6 Работа по совместительству

Принципиально работник может заниматься побочной деятельностью или работать наряду с этим самостоятельно, до тех пор, пока эти деятельности не пересекаются по времени.

Условием является то, что

- при этом не делается конкуренция работодателю;
- от этого не страдает производительность труда;
- законом допустимое максимальное рабочее время не превышается.

4.3.7 Обязанность сохранения тайны

Обязанность работника сохранять тайну охватывает

- касающиеся предприятия факты, которые известны только узкоограниченному кругу людей, не являются очевидными и должны скрываться по воле работодателя и в рамках правомочного экономического интереса (например: баланс, списки клиентов и прейскуранты, кредитоспособность) и

- личные обстоятельства или поведение работодателя, если оглашение таковых вредит ему или дискредитирует его в глазах общественности.

При нарушении этих обязанностей работник обязан возместить ущерб и при определённых обстоятельствах может быть уволен.

В нарушении обязанности хранить тайну относящейся к области трудового права может лежать нарушение уголовно-прававовой обязанности неразглашения, § 17 Закон против недобросовестной конкуренции (UWG) Такое нарушение может наказываться лишением свободы до 3 лет или денежным штрафом.

4.3.8 Запрет на конкуренцию

Во время трудового отношения работник должен воздерживаться от любой конкуренции со своим работодателем. Запрет на конкуренцию после окончания трудового отношения должен быть конкретно оговорен (§ 110 GewO) и может длиться самое большее 2 года.

4.3.9 Обязанность охраны труда

Рабочие должны вести себя в соответствии с безопасностью и способствовать в рамках своих возможностей и указаний работодателя поддержанию общего уровня охраны труда на предприятии.

4.4 Обязанности работодателя

4.4.1 Обязанность оплаты труда

Оплата труда – это основной долг работодателя. Местом исполнения обязательства является местонахождение предприятия. Заработная плата подлежит к уплате, согласно § 614 BGB, в конце оговоренного отчётного периода – при ежемесячной оплате, например, в последний день месяца – если ничего другого не оговорено (тарифным или индивидуальным соглашением, коллективным договором).

Размер оплаты определяется (при обязательству по тарифному договору или обязательственном для всех соглашении тарифного договора) специальным тарифным договором, а в остальном, согласно индивидуально-договорному соглашению. В случае отсутствия подобной коллективно-правовой или индивидуально-договорной основы, нужно платить обычную для данной местности заработную плату (§ 612 BGB).

Работодатель обязан выдавать работнику подробный расчёт заработной платы (§ 108 GewO).

4.4.2 Обеспечение зарплаты

К обеспечению зарплаты относятся защита прав должника при описи имущества и запрет переуступки.

Если работник не выполняет финансовые обязательства, то кредитор может при определённых обстоятельствах (подлежащий исполнению приговор, определение суда о наложении ареста на имущество должника и определение суда об обязательном переводе присуждённой с должника суммы в пользу кредитора) наложить арест на часть его зарплаты. Определённые доходы работника не подлежат аресту (например: надбавки за опасность или за грязь) или подлежат только условно, § 850b Гражданский процессуальный кодекс (ZPO).

Не подлежащую аресту часть зарплаты работник не может уступить другому (§ 400 BGB) и также не может применить её для взаимного погашения встречного требования (§ 394 BGB).

4.4.3 Обязанность предоставления работы

Работник не только обязан работать, он также обладает правом быть задействованным. Работодатель принципиально не может отстранить его от обязанностей, не предоставляя ему больше работу. Освобождение от работы при сохранении заработной платы допустимо, без согласия работника, только временно и в исключительных случаях.

Для инвалидов имеются конкретные правовые предписания, занимать их таким образом, чтобы они как можно полнее могли реализовывать и совершенствовать свои знания и способности (§ 81 IV SGB IX).

4.4.4 Соблюдение равенства

По ст. 3 II GG запрещено неравное обращение на основе пола, этнического происхождения, расы, языка, родины и места происхождения, веры, религиозных или политических воззрений, а также инвалидности. Этот запрет охватывает непосредственные и косвенные (скрытые) причинения ущерба, если нет конкретных указаний разного регулирования (например: при охране материнства). Эта конституционная норма действует преимущественно как право на самооборону по отношению к государству. Она развивает, однако также, посредством общих оговорок и других, нуждающихся в истолковании юридических понятий, так называемое, третье действие в оформлении частных правоотношений.

Таким образом, относящийся к трудовому праву, принцип соблюдения равенства запрещает отстранять отдельных работников или группы работников, без объективной причины, от общеблагоприятствующих положений и ставить их хуже, чем других работников в сравнимом положении. Предоставление льгот отдельным работникам, напротив, допустимо.

Общий закон о соблюдении равенства (AGG) дополнительно, как специальный закон, регулирует с 2006, что никто не может дискриминироваться и третироваться по причинам расы, из-за этнического происхождения, пола, религии или мировоззрения, инвалидности, возраста или сексуального тождества (§ 1 AGG). При этом закон охватывает как непосредственную, так и косвенную дискриминацию (§ 3 AGG). Закон распространяется также на дискриминирования, которые проявляются в связи с одним из законом защищённых критериев и вызываются или являются целью нежелательного поведения, которое задевает честь определённого лица и создаёт контекст, обозначенный запугиваниями, враждебными отношениями, унижениями и оскорблениями достоинства. Запрещённое, Общим законом о соблюдении равенства, сексуальное посягательство является нежелательным, сексуально определённым поведением. Сексуально или сексуально определено каждое поведение, которое касается половых отношений (§ 3 AGG).

AGG охватывает при этом все области трудового права (вплоть до увольнений). При не соблюдении равенства сотрудники имеют право обжалования и, при определённых обстоятельствах, право отказа от исполнения обязательства (§§ 13, 14 AGG). Недопустимая дискриминация санкционируется положениями о компенсации и возмещении ущерба (§ 15 AGG). Кто ссылается на AGG должен сначала доказать улики, которые позволяют предположить дискриминацию. Если это удаётся, другая сторона должна доказывать, что не существует никакого нарушения.

Закон обязывает работодателя принимать внутрипроизводственные меры защиты от дискриминации. Необходимо создать комиссию по рассмотрению жалоб. Работодатель должен также принимать меры, которые в отдельном случае применимы, необходимы и уместны для прекращения дискриминации. Это начинается с наставлений и предупреждений и простирается вплоть до прекращения трудового отношения (§ 12 AGG).

4.4.5 Обязанность попечения

Долг надёжности работника соответствует долгу попечения работодателя. Нормированные законом или развитые юрисдикцией случаи обязанности попечения позволяют назвать себя только примерно:

Защита жизни и здоровья

Работодатель обязан таким образом организовывать производственные помещения, орудия труда и производственный процесс, чтобы защитить работника от опасностей для жизни и здоровья, насколько это позволяет вид предприятия и работы (§ 618 BGB). Наряду с этим работодатель должен придерживаться публично-правовых предписаний охраны труда. Работодатель должен заботиться о том, чтобы каждый работник получал соразмерный и специальный для рабочего места инструктаж и выслушивался по всем вопросам охраны труда. Охрана здоровья на рабочем месте может обязывать работодателя издать указ о запрете курения, § 5 Постановление о месте работы (ArbStättV).

Личные права работника

Во время трудового отношения работодателю становятся известны многочисленные личные данные работника. На основе конституцией защищённого права личности и Федерального закона о защите данных (BDSG) работник защищён от неограниченного сбора, хранения, использования и передач его личных данных.

Хранение личных данных допустимо настолько, насколько этого требует цель трудового отношения (§ 28 BDSG).

Обязанность неразглашения распространяется также на работодателя, что касается фактов, в неразглашении которых у работника есть правомочный интерес (например: доход, состояние здоровья, личные отношения).

Обязанность неразглашения работодателя категорически предписана

- при сведениях о беременности (§ 5 I MuSchG),
- при защищённых данных о личности (§ 5 BDSG),
- при изобретении работника (§ 24 I Закон об изобретениях работников, ArbnErfG).

По причине своего общего долга попечения работодатель обязан защищать работника от несправедливого отношения начальства и противоправных действий коллег (например: оскорбления, телесные повреждения).

Работодателю запрещено тайком прослушивать частные телефонные разговоры работника. Также нарушением прав личности и, кроме того, наказуемым является тайное наблюдение за работниками посредством микрофонов и оптических приборов слежения (видеокамеры).

Ни в коем случае не могут производиться в рамках рабоче-медицинских профилактических обследований генетические исследования, анализы или выспрашивание и использование результатов уже проведённых исследований (§ 24 GenDG).

Защита имущества работника

В течение рабочего времени работодатель должен предоставлять, для личных вещей и по окончанию рабочего дня для рабочей одежды и инструмента, надёжное помещение, шкафы и тому подобное. Если работодатель предоставляет место для стоянки автомобиля, то должен обеспечить его безопасность. За убытки, причинённые третьими лицами на стоянки автомобиля, он принципиально не должен нести ответственность. В остальном, работодатель, при наличие его вины, несёт ответственность за имущественный ущерб, причинённый работнику на рабочем месте.

5 Особенные формы трудового отношения

Наряду с длительным, на неопределённый срок заключённым обязательственным отношением имеются различные другие формы трудового отношения.

5.1 Пробное трудовое отношение

Следует отличать

- на ограниченный срок заключённое пробное трудовое отношение
- присоединенный испытательный срок при бессрочном трудовом отношении.

Ограниченное сроком пробное трудовое отношение допустимо (§ 14 I TzBfG) и заканчивается в последний день назначенного срока без необходимости увольнения.

Если договорено бессрочное трудовое отношение с присоединённым испытательным сроком, то срок увольнения во время испытательного срока составляет две недели (§ 622 III BGB). В таком случае, оговоренный испытательный срок не может превышать 6 месяцев.

5.2 Ограничение срока

Ограниченные трудовые договора отрегулированы Законом о неполной занятости и ограниченных сроком трудовых договорах (TzBfG).

5.2.1 Ограничение срока по объективной причине

Ограничение срока трудового договора допустимо тогда, когда для этого существует объективная оправдывающая причина. § 14 I TzBfG содержит каталог типичных оснований ограничения срока (временная необходимость дополнительной рабочей силы, замещение другого работника) не встречая при этом заключительное регулирование.

Бессрочное трудовое отношение должно оставаться обычной формой труда. Чтобы облегчить переход на бессрочное занятие, занятым на ограниченный срок работникам следует соблюдать следующие положения:

- Работодатель должен информировать работников занятых на ограниченный срок о свободных бессрочных рабочих местах на производстве и предприятии (§ 18 TzBfG).

- Работникам, занятым на ограниченный срок нужно предоставить возможность для участия в соответствующих стажировках и мероприятиях по повышению квалификации, которые способствуют их профессиональному росту и мобильности, если этому не препятствуют безотлагательные производственные причины или первостепенные желания переподготовки других работников (§ 19 TzBfG).
- Производственные советы и советы представителей персонала должны информироваться о количестве работников занятых на ограниченный срок и их процент в коллективе производства и предприятия. Представительства работников могут таким образом иметь действенное влияние на производственную практику приёма на работу и лучше представлять интересы работников занятых на ограниченный срок. (§ 20 TzBfG).

5.2.2 Ограничение срока без объективной причины

Ограничение срока трудового договора без объективной причины допустимо только при новом зачислении на работу. Календарно ограниченному трудовому договору не требуется объективная причина, если трудовой договор или его самое большее трёхкратная пролонгация не превышает общий срок 2 года (§ 14 II TzBfG). Пролонгация исключена, если с тем же работодателем уже существовал бессрочный или ограниченный на срок трудовой договор (§ 14 II TzBfG). При учреждении нового предприятия допустимо ограничение до 4 лет (§ 14 II a TzBfG).

5.2.3 Письменная форма

Ограниченный на срок трудовой договор требует письменной формы, согласно § 14 IV TzBfG. Эта, предписанная законом, письменная форма относится только к оговорке об ограничении срока как таковой. Письменное указание причины ограничения срока требуется только в случае ограничения с определённой целью. То же самое действует в том случае, если используется возможность облегчённого ограничения срока без наличия объективной причины. Ограниченный на срок трудовой договор считается заключённым на неопределённое время, если не соблюдена письменная форма (§ 16 TzBfG).

5.2.4 Окончание ограниченного сроком трудового отношения

Временный трудовой договор оканчивается по истечении срока. § 15 II TzBfG устанавливает, что трудовой договор с целевым ограничением срока заканчивается с достижением цели только, если работодатель, как минимум за две недели письменно сообщил работнику о сроке. Согласно § 15 III TzBfG, ограниченное сроком трудовое отношение подлежит только тогда обычному расторжению договора, если это оговорено письменно или тарифным соглашением. Расторжение договора по важной причине без предварительного уведомления всегда возможно.

5.3 Трудовые отношения с неполной занятостью

Трудовые отношения с неполной занятостью это все трудовые отношения, при которых продолжительность рабочей недели, как правило, короче, чем у сравнимого работника занятого на полный рабочий день (§ 2 TzBfG). Особые формы неполной занятости это:

- переменное рабочее время, приспособленное непредвиденной работе и переменное рабочее время, ориентированное на производственную мощность, а также
- разделение рабочего места.

Для защиты затронутых работников были приняты в §§ 12, 13 TzBfG правоохранительные предписания относительно подобных договорных форм.

5.3.1 Правомочие притязания

Работники, чьё трудовое отношение существовало дольше 6 месяцев, имеют на предприятиях с больше чем 15 сотрудниками правопритязание на неполную занятость. Работодатель может отклонять желание сотрудника, сократить своё рабочее время, только тогда, когда этому противостоят производственные причины (§ 8 IV TzBfG). Помимо этого, право на неполную занятость обоснованно согласно § 15 Федерального закона о материальной помощи родителям и декретном времени (BEEG), § 3 Abs. 1 PflegeZG und § 81 V SBG IX.

Такие основания существуют, например, тогда, когда сотрудник незаменим, или возможны проблемы с реорганизацией производственных процессов или неполная занятость вызвала бы чрезвычайно высокие издержки. Желанию работника, быть занятым неполный рабочий день, противостоящие производственные причины следует учитывать, согласно § 8 V TzBfG, только, если работодатель в течение одного месяца письменно на них ссылается.

5.3.2 Сроки

О своём желании сократить рабочее время работник должен заявить, самое позднее за три месяца до его начала (§ 8 II TzBfG). Одновременно он должен объяснить, как уменьшенная рабочая неделя должна распределяться на отдельные рабочие дни недели (§ 8 II TzBfG).

Согласно § 9 TzBfG, занятый на неполный рабочий день работник, который изъявил желание продления, договором предусмотренного, рабочего времени, должен учитываться в первую очередь при занятии соответствующего свободного места. Однако, это действует только, если не противостоят неотложные производственные причины или желания относительно рабочего времени других, занятых на неполный рабочий день работников, которые с социальной точки зрения имеют преимущественное право.

5.3.3 Запрет дискриминации / обязанности информации

§ 4 TzBfG регулирует запрет дискриминации. Согласно § 4 I TzBfG, работнику, занятому неполный рабочий день, нужно предоставлять заработную плату или какую либо делимую услугу, эквивалентную деньгам, «по меньшей мере, в объёме, который соответствует проценту его рабочего времени от рабочего времени сравнимого работника, занятого на полный рабочий день».

Закон предусматривает обязанности информации работодателя по отношению к работникам, совету предприятия или совету представителей персонала (§ 20 TzBfG). Работников сообщивших работодателю о своём желании сокращения, продления или переноса их, договором предусмотренного, рабочего времени, работодатель должен информировать о соответствующих свободных рабочих местах (§ 7 TzBfG). Представительство работников следует уведомлять о неполной занятости на производстве, в частности, о наличествующих и намеченных рабочих местах с неполной занятостью, а также о запланированных мерах преобразования полных в неполные рабочие места и наоборот.

5.3.4 Мероприятия по обучению и повышению квалификации

С целью соблюдения равенства, при профессиональном подъёме, занятых на полный и занятых на неполный рабочий день, обязывает § 10 TzBfG работодателя предоставлять работникам, занятым на неполный рабочий день возможность участия в мероприятиях по обучению и повышению квалификации.

5.3.5 Запрещение необоснованного увольнения

Согласно § 11 TzBfG работодатель не может уволить работника по причине его отказа перейти с полного на неполный рабочий день и наоборот.

5.4 Подсобные трудовые отношения

Понятию «подсобная работа» законодатель не даёт общеупотребительного определения. Лишь в регулировании сроков увольнения § 622 V BGB и в § 1 NachwG находятся отличающиеся друг от друга определения. Подсобные трудовые отношения могут быть ограниченные на срок и бессрочные, также с полным и неполным рабочим днём. Особенность состоит в том, что при бессрочных или при ограниченных подсобных трудовых отношениях, с оговоренной возможностью обычного увольнения, облегчено увольнение. Для первых трёх месяцев, срок предварительного уведомления об увольнении может сокращаться индивидуально-договорным соглашением § 622 V BGB.

Относительно размера заработной платы в частности, однако при продолжении выплаты заработной платы и предоставлению отпуска подсобные работники приравнены к бессрочно занятым работникам. Дифференцирование при предоставлении бонификаций принципиально недопустимо.

5.5 Незначительная занятость

Особой формой трудового отношения является так называемая незначительная занятость. Она принадлежит к трудовым отношениям с неполной занятостью, так что здесь в трудово-правовом плане действуют все указания касающиеся неполной занятости. Незначительная занятость может быть договорена в двух видах: как малооплачиваемая занятость согласно § 8 I Nr. 1 Кодекса социального права, книга IV (SGB IV) или как краткосрочная занятость согласно § 8 I Nr. 2 SGB IV. Отличия возникают в области налогового права и права социального страхования.

При превышении заработка от 400 евро до 800 евро законодатель предусматривает теперь скользящую зону с прогрессивно возрастающими отчислениями на социальное страхование работника (§ 344 IV Кодекса социального права, книга III (SGB III) и § 63 X Кодекса социального права, книга VI (SGB VI)).

5.6 Передача работника внаём

Под передачей работника внаём подразумевается передача работника одним работодателем (передающий внаём) другому (клиент) для работы в его предприятии. Существуют настоящие и ненастоящие отношения, вытекающие из передачи работника внаём, а также смежные формы направления работников, которые по-разному регулируются трудовым правом.

1. Настоящая передача работника внаём имеет место, если работодатель передаёт работника только при случае и в несущественной для всего предприятия мере или, если передача работника внаём не является первостепенной целью договора, а, например, предоставление машины. Закон о передачи работника внаём не находит в таких случаях применения.

2. Передача работника внаём с промышленными целями – ненастоящая передача внаём – регулируется Законом о передачи работника внаём (AÜG). Закон содержит запрет такой передачи работников с оговоркой разрешения Федеральным ведомством по труду (Фирмы временной занятости).

Разграничение между ненастоящим и настоящим трудовым отношением с передачей внаём происходит посредством содержания договора между передающим внаём и клиентом.

Трудовые отношения с передачей работника внаём

Между клиентом и переданным внаём работником не возникают, как правило, договорные отношения. Тем не менее, переданный работник подчинён праву распоряжения клиента и наоборот, долг попечения по отношению к переданному работнику имеет значение для клиента. Относительно правил внутреннего распорядка, охраны труда и техники безопасности, а также организации рабочего места, переданных работников нужно приравнивать к другим работникам клиента.

Для защиты затронутых работников содержит Закон о передачи работника внаём специальные регулирования о заключении и проведении трудового отношения с передачей работника внаём:

- согласно § 1 I AÜG для промышленной передачи работника обязательно разрешение, причём передача, согласно § 1b AÜG, принципиально запрещена в строительстве;
- если передающий внаём занимается передачей работников без разрешения, то договор согласно § 9 I AÜG недействителен и согласно § 10 I AÜG возникает трудовое отношение между клиентом и переданным внаём работником;
- при недействительности договора между передающим внаём работодателем и переданным внаём работником, работник имеет согласно § 10 II AÜG право на возмещение ущерба;
- договор между передающим внаём и клиентом требует письменной формы и передающий внаём должен уведомлять клиента о разрешении по § 1 AÜG (§ 12 I AÜG);
- если передающий внаём не отводит налоги и отчисления на социальное страхование надлежащим образом, то ответственность за это несёт при необходимости клиент;

- принципиально переданным внаём работникам положено одинаковое обращение как со сравнимыми постоянными работниками клиента (»Equal Pay« и »Equal Treatment«).

Планирует клиент, по истечении срока передачи работника внаём, приём переданного работника в продолжительное трудовое отношение, то должны быть выдержаны сроки предварительного уведомления об увольнении по отношению к передающему внаём. Оговорки в договоре, которые запрещают работнику переход в трудовые отношения с клиентом, недействительны (§ 9 Nr. 4 AÜG).

5.7 Отношение профессионального обучения

Закон о профессиональном обучении (BBiG) регулирует договорное право отношений профессионального обучения в §§ 10 до 26 BBiG единообразно для всех видов профессиональной деятельности и отраслей экономики.

5.7.1 Обоснование

Обоснование отношения профессионального обучения может происходить без формальностей, однако, безотлагательно после заключения договора, самое позднее перед началом обучения, нужно письменно зафиксировать существенное содержание договора (§ 11 BBiG). До достижения совершеннолетия необходимо согласие законного представителя для заключения договора об обучении. К договору, если из его сущности и цели, а также из закона о профессиональном обучении ничего другого не вытекает, применяются правовые предписания и принципы, действующие в области трудового права (§ 10 II BBiG).

Испытательный срок от одного и самое большее четырёх месяцев предписан для всех отношений профессионального обучения (§ 20 BBiG). В договоре о профессиональном обучении может быть оговорено, что испытательный срок соответствующим образом продлевается при перерыве обучения на больше чем один месяц. Недействительным является соглашение об уплате возмещения за профессиональное обучение, даже если родители приняли это обязательство (§ 12 II BBiG).

5.7.2 Обязанности обучающего

К ним принадлежат, в частности, образование, которое требуется для достижения цели обучения, бесплатное предоставление учебных средств, инструментов и материалов, которые необходимы для обучения и сдачи экзаменов, требование посещения профессионального училища и забота о характерном содействии и предотвращение нравственных или физических угроз (§ 14 I BBiG).

Обучающемуся могут поручаться только задания, которые служат учебной цели и соответствуют его физическим способностям. Обучающемуся нужно предоставлять возможность для посещения занятий в профессиональной школе и сдачи экзаменов (§ 15 BBiG). То же самое действует, если образовательные мероприятия проводятся вне учебного заведения (например: в межзаводских учебно-производственных мастерских или при посещении производств в рамках занятий в профессиональной школе). Посещение занятий в профессиональной школе, сдача экзаменов или участие в образовательных мероприятиях, вне учебного заведения, не должны вести к потере заработка.

5.7.3 Обязанности обучающихся

Обучающийся должен стараться приобретать навыки и знания, которые требуются для достижения цели обучения. Он обязан, в частности, добросовестно выполнять, в рамках его профессиональной подготовки, ему порученные задания, принимать участие в образовательных мероприятиях, для чего ему предоставляется свободное время согласно § 15 BBiG (например: занятия в профессиональной школе, в межзаводских учебно-производственных мастерских), следовать указаниям, которые он получает в рамках профессионального обучения от обучающего, или от других, имеющих право давать указания, лиц, придерживаться действующего в учебном заведении порядка, заботливо обращаться с инструментом, машинами и прочими устройствами и сохранять молчание о производственных секретах и коммерческих тайнах (§ 13 BBiG).

5.7.4 Притязание на вознаграждение

Обучаемый имеет притязание на вознаграждение, которое должно быть соразмерным и согласно возрасту обучаемого с прогрессирующим профессиональным образованием минимум один раз в год повышаться (§ 17 BBiG). Занятость, выходящая за оговоренное регулярное ежедневное время обучения нужно оплачивать отдельно.

5.7.5 Окончание

Окончание отношения профессионального обучения наступает автоматически с истечением времени обучения (§ 21 I BBiG). Если обучающийся выдерживает раньше выпускной экзамен, то отношение оканчивается с успешной сдачей экзамена (§ 21 II BBiG). При не выдержанном экзамене обучение продлевается, по желанию обучающегося, до ближайшего повторного экзамена, самое большее на один год. Если обучающийся по окончании отношения профессионального обучения продолжает работать без существующего на то, какого либо определённого соглашения, то обосновывается бессрочное трудовое отношение (§ 24 BBiG). Представителей молодёжи и обучающихся, как и прочих членов органов устава предприятия работодатель должен, по окончании ими профессионального обучения и по их письменной просьбе, принимать на работу (§ 78a BetrVG).

5.7.6 Увольнение

Расторжение отношения профессионального обучения во время испытательного срока возможно без соблюдения срока предварительного уведомления (§ 22 I BBiG). После испытательного срока обычное расторжение договора больше не возможно. Скорее обе стороны могут только по важной причине без предварительного уведомления расторгнуть договор или расторгнуть договор может обучаемый с соблюдением 4 недельного срока предварительного уведомления, если он хочет прекратить обучение или обучаться другой профессии (§ 22 II BBiG).

Обзор увольнения отношения профессионального обучения:

	стороны	срок	материально-правовые предпосылки	формально-правовые предпосылки
во время испытательного срока	обе	нет	нет	письменно
после испытательного срока	обе	нет, но > 2 недели с момента знания	важная причина	письменно с указанием причины
	только обучаемый	4 недели	1. оставить профессию 2. поменять профессию	письменно с указанием причины

5.8 Телеработа / Надомная работа

Телеработу выполняет тот, кто на самостоятельно выбранном или работодателем / заказчиком предоставленном месте работы, исполняет простые или квалифицированные работы служащего на электронно-вычислительных машинах (ЭВМ), которые связаны электронными средствами коммуникации с предприятием работодателя / заказчика. Телеработа может проводиться на основе договора об оказании услуг, подрядного договора, договора подряда на выполнение заказа из материала изготовителя, а также в свободном участии, как надомная работа или в трудовом отношении (внешний работник).

Работающие на дому защищены Законом о кустарном промысле (HAG). Обязанность защиты по Закону о кустарном промысле лежит на том, кто даёт надомную работу. Обязанности регулируются в частности §§ 6 и след. HAG. Соответственно этому выделяются четыре области защиты:

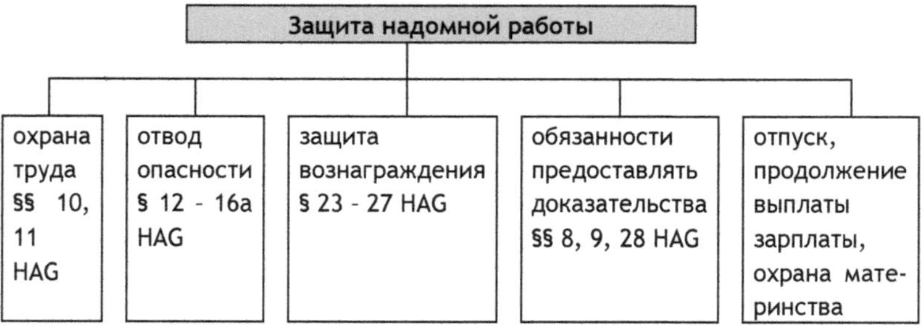

Надомные работники также защищены от необоснованного увольнения (§ 29 HAG).

6 Выплата заработной платы вопреки невыполнению обязательства работы

Трудовой договор – это взаимное меновое отношение. Потому действует принцип «без работы нет зарплаты». Однако из-за сильных личных и социальных отношений данный принцип допускает некоторые исключения.

6.1 Личные препятствующие причины

Если работник без вины на относительно не значительное время по лежащей в его лице причине предотвращён от работы, то право на заработную плату сохраняется (§ 616 BGB).

Пример:
Рождение или смертный случай в семье,
тяжёлое заболевание близких родственников,
собственная свадьба.

В трудовом договоре возможны отступления от этого принципа также в ущерб работнику.

Право на вознаграждение не сохраняется, например, при предотвращении от работы из-за

- плохих погодных условий,
- выхода из строя общественного транспорта.

6.2 Сохранение заработной платы в случае болезни

В течение первых четырёх недель трудового отношения работник получает, при нетрудоспособности, пособие по болезни, §§ 44 I, 49 I Nr. 1 Кодекса социального права, книга V (SGB V). Затем действует Закон о продолжении выплаты заработной платы (EFZG), который содержит унифицированное регулирование дальнейшей выплаты заработной платы для рабочих и служащих, а также для находящихся на профессиональном обучении. Согласно закону все работники, которые принадлежат предприятию более четырёх недель, в случае потери трудоспособности имеют право на продолжение выплаты заработка в размере, причитающемся при регулярном для них рабочем времени (§ 3 EFZG). Исключено, однако, вознаграждение за сверхурочную работу (§ 4 EFZG).

Условие права работника на продолжение выплаты заработной платы при нетрудоспособности в случае болезни состоит в том, что работник

- нетрудоспособен и
- предотвращён от работы
- по причине болезни
- без вины.

Право на продолжение выплаты заработка существует до шести недель (§ 3 I EFZG) и приобретается при каждом следующем новом заболевании.

Нетрудоспособность существует, если работник не способен по врачебному свидетельству или только с опасностью ухудшить его состояние здоровья, исполнять свою работу.

О нетрудоспособности и её предполагаемом сроке работодатель должен быть безотлагательно поставлен в известность; медицинское свидетельство должно быть представлено самое позднее на четвёртый рабочий день нетрудоспособности, если таковая продолжается дольше, чем три дня (§ 5 EFZG). Тем не менее, работодатель имеет право требовать представления свидетельства о нетрудоспособности раньше. Если нетрудоспособность продолжается дольше, чем указано в первом свидетельстве, работник соответственно должен представить новое свидетельство нетрудоспособности.

Если работник не представляет свидетельство нетрудоспособности, то работодатель может отказывать в дальнейшей выплате заработной платы (§ 7 EFZG). В случаях, когда работник запоздало предоставляет свидетельство, которое действует с самого начала нетрудоспособности, зарплату нужно доплачивать.

Если у работодателя есть правомочное сомнение в нетрудоспособности работника, он может сообщать об этом больничной кассе. Она обязана проверить нетрудоспособность медицинской службой (§ 275 I SGB V).

Если нетрудоспособность наступила по вине третьего лица (например: дорожно-транспортное происшествие) и работник имеет, в связи с этим, правопритязания к третьему лицу, то правопритязания работника переходят на работодателя в той мере, в какой он продолжал выплачивать заработную плату, включая отчисления на социальное страхование (§ 6 I EFZG).

6.3 Курортное лечение

При мероприятиях медицинской профилактики и реабилитации (курорты) работники имеют правопритязание на продолжение выплаты заработной платы. Правопритязание распространяется на заработную плату, причитающуюся при регулярном рабочем времени, сроком до шести недель (§ 9 EFZG).

Условием дальнейшей выплаты заработной платы является то, что учреждение социального страхования одобрило мероприятие, медицинское заключение рекомендует стационарное лечение и таковое будет проводиться в учреждении медицинской профилактики или реабилитации, или в подобном учреждении.

Если работник сразу после курса лечения становится нетрудоспособным, существует правопритязание на продолжение выплаты заработной платы. Работодатель должен также удовлетворить желание работника после курса лечения уйти в отпуск, § 7 Федеральный закон о предоставлении отпусков (BUrlG).

6.4 Заработная плата за работу по праздникам

В законные праздники принципиально нет трудовой обязанности, § 9 Закона о рабочем времени (ArbZG). Праздничные дни устанавливаются законами, принятыми законодательным органом земли (земельными законами) или федеральным законом. Общие законные праздники по всем землям: Новый год, страстная пятница, второй день пасхи (поливальный понедельник), 1 мая, вознесение, 3 октября, 1-ый и 2-ой день Рождества.

Законные праздники, выпадающие на рабочий день, в который работник в противном случае заработал бы своим трудом деньги, должны оплачиваться (§ 2 EFZG). С условием, что праздник – это единственная причина простоя работы. Так, например, оплата не предполагается, если

- работник получает пособие по болезни,
- он отсутствовал день до и/или после законного праздника без уважительных причин (§ 2 III EFZG),
- (у занятых на неполный рабочий день) в этот день работник и без того бы не работал.

Определяющим является вознаграждение, которое получил бы работник, если бы он работал в праздник как в нормальный рабочий день, т.е. регулярная или средняя заработная плата (при аккордной работе) прошлого месяца. Регулярный дополнительный труд должен также учитываться при расчёте, как и регулярные комиссионные и т.д. При неполной занятости до и после праздничного дня платится также в праздник только заработок за неполную занятость (§ 2 II EFZG).

За выполненную в праздники работу нужно платить нормальную заработную плату и дополнительную надбавку за праздник. Если не существует по этому вопросу тарифных или производственных положений, считаются местные или принятые в данной отрасли надбавки как договоренные (часто 50–100%).

На церковные праздники (у иностранных работников также нехристианские религиозные праздники) работников нужно освобождать по просьбе от работы для отправления религиозного обряда (например: для посещения богослужения); однако, правопритязание на продолжение выплаты заработной платы, в данном случае, нет.

6.5 Отпуск

У всех работников есть, согласно Федеральному закону о предоставлении отпусков, в каждом календарном году правопритязание на оплачиваемый отпуск (§ 1 BUrlG).

Правопритязание на отпуск не может передаваться, описываться или завещаться; зачёт взаимных требований против него недопустим. Право на законный отпуск существует принципиально до истечения соответствующего отпускного года (календарный год). Из-за безотлагательных производственных или в лице работника лежащих оснований, перенос отпуска возможен на следующий год, правопритязание сохраняется в таком случае до 31 марта. Если отпуск до тех пор не берётся, то считается просроченным (§ 7 III BUrlG).

Законный минимальный срок отпуска составляет 24 рабочих дня (§ 3 I BUrlG). Более длительный отпускной срок является всё же правилом. Он возникает

- на основе законных положений для отдельных групп работников, как, например: инвалидов (§ 125 SGB IX), несовершеннолетних (§ 19 JArbSchG);
- на основе тарифных или индивидуально-договорных соглашений. Самое большое значение имеют здесь тарифные соглашения.

Рабочими днями считаются все календарные дни, которые не являются воскресеньями или законными праздниками, таким образом, принципиально, также свободные от работы субботы. 24 рабочим дням соответствуют 4 недели отпуска.

По прошествии времени ожидания, 6 месяцев занятости, возникает для текущего календарного года полное правопритязание на отпуск (§ 4 BUrlG). Если в календарном году не выдержан срок ожидания, то отпуск нужно предоставить в размере 1/12 годового права за каждый проработанный месяц.

Отпускные деньги – это в период отпуска выплачиваемый заработок работника, причём выполненные сверхурочные работы не учитываются (§ 11 I BUrlG).

Работодатель может определять положение отпуска. Тем не менее, при этом он должен считаться с интересами работника (§ 7 I BUrlG). Производственный совет обладает правом участия в принятии решений (§ 87 I Nr. 5 BetrVG). Вносит работник свои отпускные желания в график отпусков, то работодатель, в случае не согласия с этим положением отпуска, должен возразить в течение соразмерного срока. Если работодатель противоречит задним числом уже оговоренному отпускному сроку, то работник не может выйти в отпуск, но работодатель обязан возместить ему возникшие или возникающие, в связи с этим, издержки.

Работодатель может для всех или большинства работников предписать производственные каникулы и на это время приостановить производство. Разумеется, и здесь он должен учитывать интересы работников и производственный совет обладает правом участия в принятии решений (§ 87 I Nr. 5 BetrVG).

Работник не может осуществлять своё право на отпуск таким образом, что он берёт отпуск без разрешения работодателя. Скорее он должен обратиться в производственный совет или использовать возможность иска перед судом по трудовым конфликтам.

Врачебным свидетельством подтверждённые дни болезни во время отпуска не причисляются к отпуску, также как и курсы лечения (§ 9 BUrlG).

6.6 Ученический отпуск

Большинство федеральных земель предусматривают собственные законы об ученических отпусках для работников. Предметом регулирования является преимущественно профессиональная или политическая переподготовка, проводящаяся носителями образования, которые, соответствующей земельной администрацией, признаны пригодными. Как правило, у работника есть право на 10 рабочих дней в двух взаимосвязанных календарных годах, исходя из одной 5-дневной недели.

6.7 Охрана материнства / родительское время

С начала беременности будущие матери не могут заниматься тяжёлым физическими работами и такими работами, во время которых они подвержены вредным влияниям, § 4 I Закона об охране материнства (MuSchG). Кроме того, существует запрет заниматься деятельностью по специальности, если по медицинскому заключению, при продолжении работы, жизнь или здоровье матери или ребёнка находятся под угрозой (§ 3 I MuSchG).

В течение последних 6 недель перед родами, матери вообще не могут заниматься, разве только, они определённо заявляют о своей готовности к работе (§ 3 II MuSchG). После рождения ребёнка, матери до истечения 8, после преждевременных родов или рождения близнецов до истечения 12 недель не могут заниматься, даже если они дают на это согласие (§ 6 I MuSchG).

Согласно § 11 MuSchG работницы во время запрета заниматься деятельностью по специальности получают прежнюю среднюю заработную плату последних 13 недель или последних 3 месяцев до начала месяца, в котором наступила беременность. При этом возможная неполная рабочая неделя или прочие простои работы не учитываются. Во время сроков охраны, 6 недель до и 8 – 12 недель после родов, работница получает, так называемое, пособие по беременности и родам.

Федеральный закон о материальной помощи родителям и о декретном времени (BEEG) регулирует два комплекса услуг из разных юридических областей: Первый – социальноправовой – раздел регулирует пособие по воспитанию (§§ 1–14 BEEG), второй раздел содержит регулирования декретного времени относящиеся к трудовому праву (§§ 15–21 BEEG).

BEEG предоставляет работникам декретное время вплоть до завершения третьего года жизни ребёнка, о котором они сами заботятся и воспитывают (§ 15 BEEG). Декретное время может браться целиком или временно обоими родителями. С согласия работодателя возможен перенос до одного года декретного времени на период между 4-ым и 8-ым днём рождения ребёнка (например, во время первого учебного года).

Срок для подачи заявления на декретный отпуск составляет, непосредственно после рождения или после срока охраны материнства 6 или в других случаях 8 недель (§ 16 I BEEG). Родителями по отдельности или вместе взятое декретное время может в целом распределяться на четыре периода.

Допустимая неполная занятость в течение декретного времени составляет 30 часов в неделю. Следовательно, при общем декрете возможны 60 часов в неделю (§ 15 IV BEEG). На предприятиях с больше чем 15 работниками существует при определённых условиях правопритязание на сокращение рабочего времени в рамках от 15 до 30 часов в неделю. Правопритязания нет тогда, когда противостоят безотлагательные производственные причины. Наконец, предусматривает закон о пособии по воспитанию льготные условия для работодателя, если он на время декрета принимает других работников (§ 21 BEEG). Работодатель не обременён финансовым грузом пособия по воспитанию. Расходы на пособие по воспитанию несёт Федерация (§ 11 BEEG).

Во время декретного отпуска работник защищён от необоснованного увольнения (§ 18 BEEG).

6.8 Заболевание ребёнка

Предотвращение работника от работы по причине ухода за больным ребёнком – это подслучай § 616 I BGB. Помимо этого при заболевании ребёнка работник имеет выходящее за пределы этого права, право на освобождение от работы в сочетание с правом на пособие по болезни (§ 45 SGB V).

Условие права на освобождение от работы является,

- то, что по медицинскому заключению необходим присмотр, забота или уход за заболевшим ребёнком,
- другое лицо, живущее в семье, не может следить за ребёнком и
- ребёнку ещё не исполнилось 12 лет.

Правопритязание существует в каждом календарном году для каждого ребёнка самое большее на 10 рабочих дней, для одиноких самое большее на 20 рабочих дней. В целом оно ограничено на 25 или 50 рабочих дней в году.

У всех работников есть правопритязание на неоплачиваемое освобождение от работы, даже если у них нет права на пособие по болезни (§ 45 V SGB V).

6.9 Уход за близкими родственниками

Закон о времени по уходу за нуждающимися в уходе близкими родственниками (PflegeZG) открывает работникам возможность, ухаживать за нуждающимися в уходе родными в домашних условиях и улучшать вместе с тем сочетаемость профессии и семейного ухода.

Положения о времени ухода базируются:

В острых ситуациях необходимости ухода у работников есть право до 10 дней отсутствовать на работе, чтобы организовать для близкого родственника потребностям соответствующий уход или обеспечить немедленный уход (§ 2 PflegeZG).

Для более длительного ухода за близкими родственниками в домашней обстановке, работники могут притязать на время по уходу продолжительностью до 6 месяцев. При этом работники могут выбирать между полным и частичным освобождением от работы. Правопритязание на время по уходу не существует по отношению к работодателям, которые регулярно занимают 15 или меньше работников (§ 3 PflegeZG).

Необходимое социально-страховое обеспечение во время ухода гарантировано.

7 Ответственность в трудовом отношении

При вопросах ответственности в трудовом праве нужно отличать, нарушил ли работодатель или работник свои обязанности и идёт ли речь о материальном ущербе или о вреде причиненном лицу.

7.1 Нарушение обязанностей работника

Если работник не выполняет свои обязанности по трудовому договору или выполняет их недостаточно, это может привести к трём правовым последствиям:

- уменьшение заработной платы,
- увольнение,
- возмещение ущерба.

7.1.1 Ответственность по отношению к работодателю

Работник принципиально несёт ответственность за убытки, которые он причиняет работодателю при исполнении своей производственной деятельности (§§ 280 I, 241 II BGB – при вреде нанесённом собственности § 823 I BGB). Тем не менее, ответственность работника относительно возмещения ущерба ограничена, чтобы уберечь работника от разорительных нагрузок. Таким образом, исключена ответственность при лёгкой неосторожности. При средней неосторожности работник разделяет ответственность с работодателем (квота в зависимости от размера вины, а также степени опасности деятельности) и при грубой неосторожности или при умысле он полностью несёт ответственность. Тем не менее, полная ответственность при грубой неосторожности также ограничена, если размер заработной платы и риск нанесения ущерба находятся в отчётливом несоответствии (пример: автомобиль не застрахован).

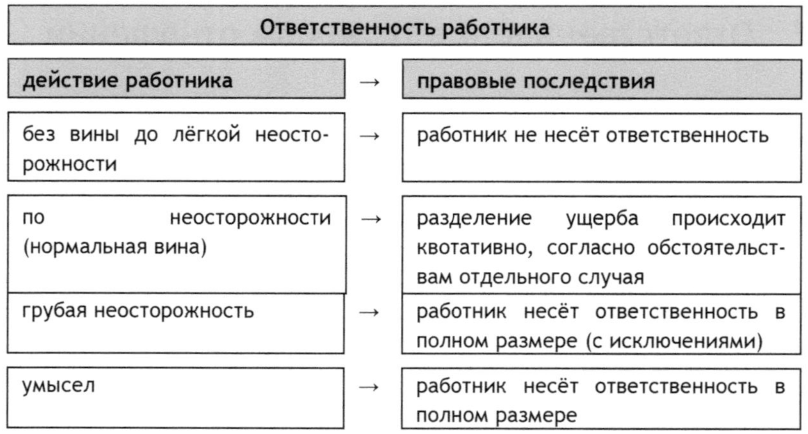

Ответственность работника		
действие работника	→	**правовые последствия**
без вины до лёгкой неосторожности	→	работник не несёт ответственность
по неосторожности (нормальная вина)	→	разделение ущерба происходит квотативно, согласно обстоятельствам отдельного случая
грубая неосторожность	→	работник несёт ответственность в полном размере (с исключениями)
умысел	→	работник несёт ответственность в полном размере

Кроме того, правопритязание на возмещение ущерба может уменьшаться при совместной вине работодателя (§ 254 BGB).

Пример совместной вины работодателя

- не сделаны необходимые указания
- не проведена необходимая проверка
- в распоряжение предоставлены неисправные орудия труда
- к способностям работника предъявлены непомерные требования

Работодатель должен доказать вину работника (§ 619 a BGB).

7.1.2 Ответственность по отношению к третьим лицам

Если при исполнении работы наносится ущерб третьим лицам (например: клиентам), работник несёт ответственность по общим принципам обязательственного права. Однако по отношению к работодателю у работника принципиально есть право на освобождение от правопритязаний на возмещение ущерба при нанесении вреда работодателю в размере признанной, уменьшенной ответственности.

При нанесении телесных повреждений одному из коллег, работник несёт ответственность только, если он умышленно вызвал несчастный случай на производстве или производственный несчастный случай произошёл при участии в общем движении. За материальный ущерб, нанесенный одному из коллег, работник принципиально несёт ответственность в полном размере. При производственной деятельности у работника есть против работодателя право освобождения от притязаний в зависимости от степени его вины.

7.1.3 Ответственность за недостачу

За недостачу (= недостаточное наличие в кассе или на складе) работник несёт ответственность по § 280 I BGB (возмещение ущерба из-за нарушения обязанностей) или по положениям о неправомерных действиях (§§ 823 и след. BGB). Работодатель несёт бремя изложения и доказывания относительно нарушения обязанностей, причинения ущерба и вины работника.

При договорном соглашении о недостачи работник должен отвечать за недостачу независимо от вины. Такое регулирование допустимо только, если работнику выплачиваются деньги на случай недостачи и ответственность работника ограничена суммой уплаченных денег на недостачу. Кроме того, он должен иметь шанс своей внимательностью увеличить доход (достигнуть избытка).

7.2 Нарушение обязанностей работодателя

Если работодатель нарушает свои обязанности, то работник может, в зависимости от обстоятельств отдельного случая,

- не выполнять работу,
- расторгнуть трудовой договор без предварительного уведомления,
- требовать выполнения обязанностей,
- предъявить правопритязания на возмещение ущерба и нематериального ущерба.

При телесных повреждениях в результате несчастного случая на производстве – независимо от вины работодателя или работника – действует страхование от несчастных случаев (§§ 7, 8 SGB VII). Только если работодатель умышленно вызвал несчастный случай на производстве или несчастный случай произошёл при участии в общем движении, работодатель сам несёт ответственность (§ 104 SGB VII). За материальный ущерб ответственность несёт работодатель при наличии умысла, неосторожности или вины его сотрудников.

Регресс носителя страхования от несчастных случаев:
При вреде, причинённом лицу, предусматривает § 110 SGB VII право обратного требования, если несчастный случай на производстве вызвался умышленно или по грубой неосторожности. Он охватывает все издержки носителя социального страхования, которые он понёс вследствие несчастного случая на производстве.

Вредит работодатель или лицо, с чьей помощью он исполняет свои обязательства, телу или здоровью, уязвляет свободу или отягощает личность работника, у работника возникает право требования прекращения действия, возмещения ущерба, возмещения за причинённый нематериальный ущерб и право на отмену (также и § 15 Общего закона о соблюдении равенства AGG).

8 Помехи в исполнении обязательства

Помехи в исполнении обязательства существуют, когда, согласно трудовому договору, подлежащие исполнению основные обязанности или дополнительные обязанности не исполняются или исполняются недобросовестно одной или обеими сторонами трудового договора.

8.1 Невозможность

Выполнение работы является постоянным долгом, это означает, что принципиально её всегда нужно выполнять в определённое время. Если это время не может быть соблюдено, работа выпадает и по закону не может быть восполнена. Выполнение работы стало, таким образом, невозможным – соответствующее правопритязание работодателя против работника на выполнение работы (§ 611 I BGB) аннулируется согласно § 275 I BGB.

Если за наступившую невозможность отвечает работник, например, потому что он всю ночь праздновал и на следующее утро не явился на работу, он утрачивает право на пропорциональное взаимное исполнение обязательств (§ 326 I BGB). Работодатель может соответствующим образом сократить заработную плату. Кроме того, у работодателя есть право на возмещение убытков, которые он потерпел в результате не выполненной работы (§§ 283, 280 I BGB). Существующее, в случае невозможности, право отказа от договора (§ 326 V BGB) не учитывается в трудовом праве, так как в таком случае возможен обход запрета необоснованного увольнения.

Если невозможность выполнения работы существовала уже при заключении договора, работодатель или работник может требовать на выбор возмещение ущерба вместо выполнения или возмещение его затрат, разве только, должник не знал о невозможности и не несёт ответственность за свою неосведомлённость (§ 311a BGB).

При наступившей невозможности, если обстоятельства отягощают работодателя, например, потому что он не предоставил в распоряжение необходимые орудия труда, работник сохраняет право на взаимное выполнение обязательств (§ 326 II BGB).

Тем не менее, при своём правопритязании он должен учитывать то, что он экономит вследствие освобождения от выполнения или приобретает иным применением своей рабочей силы, или приобретать злостно отказывается (§ 326 II BGB).

Если ни работник, ни работодатель не несут ответственность за наступление невозможности (например, разрушение места работы, нарушение электроснабжения), то работник, вопреки определениям § 326 I BGB, не утрачивает своего права на зарплату, так как § 615 BGB определяет, что бонификацию, как при просрочке в принятии, нужно продолжать платить, если работодатель несёт риск простоя работы.

С точки зрения производственного риска (§ 615 S. 3 BGB) работник принципиально сохраняет право на выдачу заработной платы, если причина невозможности лежит в нарушении производственного процесса. Поскольку именно работодатель организует и руководит предприятием, а также получает выручку с работы выполненной на предприятии. От этого принципа имеются 2 отклонения:

1. продолжение выплаты полной зарплаты угрожает существованию предприятия, в этом случае работники должны нести производственный риск вместе с работодателем,
2. помеху нужно причислять к области работника.

Последнее случается, если вследствие забастовки предприятия-поставщика продолжение работы в снабжаемом предприятии становится невозможным или экономически неприемлемым, а также, если компетентные союзы в затронутых предприятиях идентичны или организационно тесно связаны.

Производственному риску соответствует, так называемый, экономический риск. Здесь в виду имеются случаи из области дефицита сбыта или сокращения числа заказов. Работа принципиально ещё возможна, но уже не несёт экономического смысла. Также в случаях экономического риска предприниматель принципиально обязан к дальнейшей выплате заработной платы.

8.2 Просрочка

Просрочка имеет место, если одна договаривающаяся сторона опаздывает с исполнением своего долга. Нужно отличать между просрочкой в принятии (просрочка кредитора) и просрочкой должника (просрочка исполнения обязательства).

Просрочка должника наступает, если должник на напоминание кредитора о выполнение обязательств, которое происходит после наступления срока исполнения, виновным образом не выполняет (§§ 284,

285 и след. BGB). При календарно определённом выполнении напоминание ненужно.

Пример:
Работодатель находится также без напоминания в просрочке исполнения обязательства, если он не выплачивает заработную плату в оговоренный или производствено-обыкновенный платёжный день. Ущерб, нанесённый работнику, работодатель должен возместить и выплатить проценты за срок просрочки (§§ 286, 288 BGB).

Просрочка исполнения обязательства работником наступает при виновном невыполнении обязательства работы. Работник вообще не приступает к работе или прекращает работу противоречащим договору образом, не имеет при этом значения. Просрочка делает его обязанным возместить ущерб и уполномочивает работодателя при определённых обстоятельствах к бессрочному увольнению. Работодатель имеет право отказать в выплате заработной платы (§ 320 BGB). Также он может предъявить иск о выполнении будущих услуг.

Просрочка работодателя в принятии (§ 293 BGB) имеет место если работодатель

- не принимает предложенное выполнение работы (что является его долгом из трудового отношения),
- воздерживается от необходимого содействия, так что работник не может выполнять работу (например, не предоставляет необходимое техническое оборудование) или
- воздерживается от исполнения встречных обязанностей, хотя оговорен был беспрерывный обмен услугами (например: оговоренный аванс).

Условием просрочки в принятии является то что,

- существует действительное трудовое отношение,
- работник действительно предлагает свою работу и
- и выполнение работы на самом деле возможно (в противном случае производственный риск).

В этих случаях правопритязание работодателя против работника на выполнение работы в соответствии с § 611 I BGB пропадает согласно § 615 BGB. Работодатель должен, однако, продолжать выплату заработной платы. При своём правопритязании на заработную плату работник должен всё же учитывать то, что он экономит вследствие не предоставления услуг или в другом месте приобретает, или приобретать злостно воздерживается (§ 615 BGB).

Просрочка в принятии устраняется, если работодатель просит работника возобновить работу или выполняет свою обязанность содействия.

9 Неполная занятость / компенсация за зимний простой

Неполную занятость с соответствующим уменьшением зарплаты, например, при недостатке заказов, работодатель не может, назначать односторонне. Неполная занятость с соответствующим уменьшением зарплаты может вводиться только, если в коллективном договоре или тарифном соглашении оговорена возможность сокращения рабочего времени или если работники дают на это своё согласие. Поставлено в известность ведомство по труду относительно введения неполной занятости и выполнены определённые условия, то выпавшие часы работы оплачивает Федеральное ведомство по труду. Оплата происходит, в зависимости от того имеет ли налоговая карта детские необлагаемые налогом минимумы, в размере 67% или 60% от заработной платы к выплате (§§ 169 и след. SGB III).

Если не существует полномочия к одностороннему введению неполной занятости с соответствующим снижением заработной платы, работодателю остаётся только возможность расторжения договора с одновременным предложением заключить новый договор с изменениями. Подобное увольнение может проверяться на социальное соответствие.

При погодой обусловленном простое на предприятии строительной отросли, выплачивает Федеральное ведомство по труду, во время плохих погодных условий (с 1 ноября по 31 марта), компенсацию от 101 часа погодой обусловленного простоя (§§ 209 и след. SGB III).

В связи с этим действует следующее:

- С 1 по 30 час простоя работник использует свои, в хорошую погоду, накопленные часы переработки, так что он в это время продолжает получать свою полную заработную плату, которая подлежит, как правило, подоходному налогообложению и обязательному социальному страхованию.
- С 31 по 100 час простоя, ведомство по труду платит компенсацию за зимний простой в размере пособия по безработице, итак 60% полной последней зарплаты к выплате и 67% состоящим в браке и имеющим детей. Выплаты происходят из отчислений на зимнее строительство финансирующихся работодателями строительной отрасли. Работодатель платит взносы на социальное страхование из 80% выпавшей зарплаты. Взносы возвращаются работодателю

ведомством по труду в полном размере из отчислений на зимнее строительство.

- От 101 часа простоя, ведомство по труду платит компенсацию за зимний простой в размере пособия по безработице из средств страхования по безработице. Работодатель платит взносы на социальное страхование из 80 процентов выпавшей заработной платы, позже из этого рассчитывается также пенсия. Эти взносы ему не возвращаются.

10 Изобретения и рационализаторские предложения

Право изобретений и технических рационализаторских предложений регулируются Законом об изобретениях работников (ArbnErfG). Он должен балансировать интересы между работником как изобретателем и работодателем.

10.1 Изобретения

Изобретения это творческие выполнения работника, которые рассматриваются как патентоспособные изобретения в смысле немецкого патентного закона или как полезные образцы с занесением в специальный реестр согласно немецкому праву зарегистрированного образца (§ 2 ArbnErfG).

Согласно § 5 I ArbnErfG работник должен сообщать работодателю письменно о служебных изобретениях безотлагательно после их изготовления. Работодатель имеет возможность использовать изобретение неограниченно или ограниченно, или освободить его (§ 6 I ArbnErfG). Если использование не происходит в течение 4 месяцев, изобретение становится свободным. (§ 6 II ArbnErfG).

Если работодатель использует служебное изобретение, у работника возникает право на вознаграждение. Это действует как при неограниченном (§ 9 I ArbnErfG) так и при ограниченном (§ 10 I ArbnErfG) использовании. При неограниченном использовании работодатель и работник должны, согласно § 12 I ArbnErfG, в течение соразмерного срока договориться о бонификации.

10.2 Технические рационализаторские предложения

Технические рационализаторские предложения работника – это предложения технических новшеств, которые не способны к патенту или к регистрации как полезный образец (§ 3 ArbnErfG). Если работник на основе трудового договора обязан к разработке технических рационализаторских предложений, они без ограничений причитаются работодателю. Если речь идёт о квалифицированных рационализаторских предложениях, которые, подобно промышленному охранному праву (§ 20 I ArbnErfG), дают работодателю похожее привилегированное положение, то работодатель должен платить работнику соответствующую бонификацию, как только он реализовывает данное рационализаторское предложение.

11 Переход предприятия к другому владельцу / предпринимательские преобразования

11.1 Переход предприятия к другому владельцу

Предприятие переходит к другому владельцу, если прежний владелец передаёт своё предприятие или производственную часть посредством сделки другому владельцу (§ 613a I BGB). Это происходит уже тогда, когда перенимающий принимает вещественные и невещественные производственные средства в объёме, который позволяет самостоятельное существование предприятия.

Новый владелец предприятия вступает согласно § 613a BGB в права и обязанности в момент перехода уже существующих трудовых отношений.

Относясь к области трудового права, имеет § 613a BGB значение, прежде всего, для сохранения прав работников, приобретённых ими в их прежней занятости и основанных на сроке принадлежности к предприятию.

Пример:
- сроки для расторжения договора
- отпуск
- запрещение необоснованного увольнения
- денежный подарок служащим по случаю рождества
- принадлежность к определённому тарифному разряду
- обеспечение по старости

Права и обязанности прежнего работодателя по тарифным соглашениям или коллективным договорам принципиально не могут изменяться в ущерб работнику в течение года после производственной передачи. Это положение допускает исключение, если на новом предприятии существуют коллективные договора или тарифные соглашения, содержащие регулирование данного вопроса.
Увольнение трудового отношения, как прежним, так и новым работодателем, по причине перехода предприятия к другому владельцу, недействительно. Неприкосновенно, однако, остаётся право увольнения по другим причинам (§ 613a IV BGB).

Перед осуществлением перехода предприятия к другому владельцу необходимо в письменном виде информировать работника о подробностях производственного перехода (§ 613a V BGB), т.е. о сроке /

запланированном сроке перехода, о причине перехода, о правовых, экономических и социальных последствиях перехода для работников, а также о предусмотренных мерах касающихся работников. Если работник не согласен с переходом, то он может письменно возразить в течение одного месяца (§ 613a VI BGB). В таком случае работник остаётся работником своего прежнего работодателя; трудовое отношение не переходит на нового владельца, хотя само рабочее место переходит. Подобное возражение имеет смысл только тогда, когда работнику известно, что теперешний работодатель занимает подходящие свободные рабочие места. В противном случае работодатель может расторгать трудовое отношение по производственным причинам.

11.2 Предпринимательские преобразования

Закон о преобразовании (UmwG) охватывает и систематизирует право общественно-правового изменения структуры предприятия. При этом охватываются такие изменения, которые затрагивают правовые отношения компании.

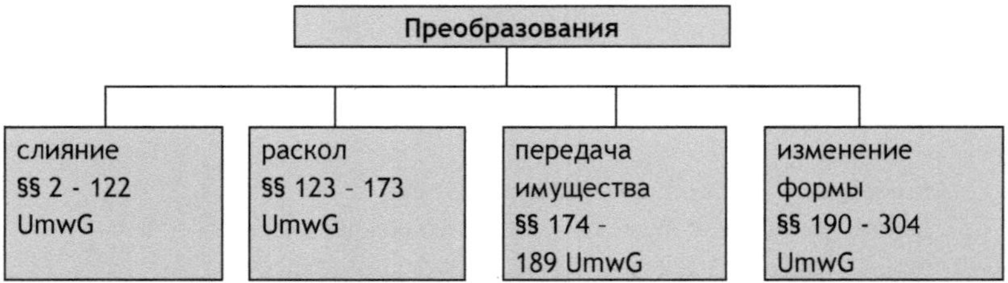

Относительно права расторжения трудового договора, определяет § 323 I Закона о преобразовании (UmwG), что положение работника, который находился в трудовом отношении с передающим носителем права, перед вступлением в силу раскола или частичной передачи предприятия, не может ухудшаться на основании раскола или частичной передачи, в течение двух лет с момента их вступления в силу.

Пример:

Предприятие, с численностью более чем 5 работников, насчитывает после преобразования меньше 5 работников. Применение, а с этим и защита Закона запрещающего необоснованное увольнения (KSchG), сохраняются за работниками сроком на 2 года.

Согласно § 322 II Закона о преобразовании (UmwG) считается предприятие, которое, после процесса преобразования, управляется совместно участвующими в расколе или частичной передачи носителями права, как общее предприятие в соответствие с KSchG. Таким образом, пользуются защитой KSchG также работники, чей работодатель занимает 5 или меньше работников, если общее число работников превосходит пороговую величину согласно § 23 I KSchG.

12 Неплатежеспособность

Положения общего трудового права продолжают действовать и при неплатежеспособности работодателя. Открытие конкурсного процесса не влияет на состояние трудовых отношений. Управляющий конкурсным процессом вступает на место работодателя.

Требования задолженностей по зарплате – это простые требования в случае неплатежеспособности согласно § 38 Положения о неплатежеспособности (InsO). Это компенсируется выплатой конкурсных денег на последние три месяца перед открытием процесса неплатежеспособности. Конкурсные деньги выплачиваются также в том случае, если речь идёт о неплатежеспособности с последующим санированием (§§ 183 и след. SGB III).

Согласно § 113 Положения о неплатежеспособности (InsO) трудовые отношения могут расторгаться как управляющим конкурсным процессом, так и работником. В случае если работник ещё не приступил к своим обязанностям, обладает управляющий, согласно § 103 InsO, правом выбора, между исполнением трудового договора и отказом от услуг работника. Для приведённых в исполнение трудовых отношений, принципиально действует общий запрет необоснованного увольнения. Открытие конкурсного процесса, как таковое, не оправдывает увольнение по производственным причинам.

Относительно срока предварительного уведомления об увольнении существуют льготные условия. Согласно § 113 I InsO срок увольнения составляет три месяца к концу месяца, если более короткий срок не является определяющим. При увольнении в рамках сокращенного срока предварительного уведомления другая сторона имеет право требовать возмещение ущерба, который возник в результате прекращения трудового отношения. Это право возмещения ущерба следует предъявлять как требование по неплатежеспособности.

Коллективные договора можно расторгнуть в трёхмесячный срок, если был оговорен более длительный срок (§ 120 InsO).

Если управляющий проводит производственные изменения, он может согласно § 122 InsO запрашивать согласие суда по трудовым спорам для проведения производственного изменения, не проходя процесс в соответствии § 112 BetrVG. Если суд по трудовым конфликтам согласно § 122 InsO выдаёт согласие к производственным изменениям, то § 113 III BetrVG не применяется. Правопритязания работников на компенсацию убытков в этом случае исключаются.

13 Окончание трудового отношения

Трудовое отношение может оканчиваться кроме как увольнением по многочисленным другим причинам. С другой стороны имеются отклонения от прочего договорного права, несколько обстоятельств, которые не влекут за собой окончание трудового отношения. Это:

Обстоятельства, не ведущие к окончанию трудового отношения:	Причина:
оговорка работодателя относительно допустимости отказа от договора	обход закона запрещающего необоснованное увольнение KSchG
переход предприятия к другому владельцу	правопреемство согласно § 613a BGB
изменение обстоятельств, послуживших основой заключения договора	увольнение принципиально необходимо
призыв на военную службу или на субсидиарную службу	§ 1 Закона о сохранении места работы (ArbPlSchG)
забастовочная борьба	только суспендирование
смерть работодателя	правопреемство
неплатежеспособность	увольнение необходимо, § 113 InsO

Согласно § 2 II SGB III работодатель должен, перед окончанием трудового отношения, информировать работника о необходимости собственной активной деятельности при поиске другого рабочего места, а также об обязательстве своевременной явки в ведомство по труду (§ 37b SGB III).

Как причины окончания трудового отношения без увольнения рассматриваются:

13.1 Неправильный трудовой договор

Трудовой договор может быть по самым различным причинам юридически неправильным. Последствиями являются либо ничтожность, т.е. с самого начала существующая недействительность договора, либо оспоримость, т.е. устранение договора по соответствующему заявлению об оспаривании одной из сторон, в этом случае, однако, с обратно действующей силой. Время, в течение которого, работа выполнялась несмотря ни на что, рассматривается как «фактическое» (действительное) трудовое отношение, которое должно осуществляться как правильное трудовое отношение.

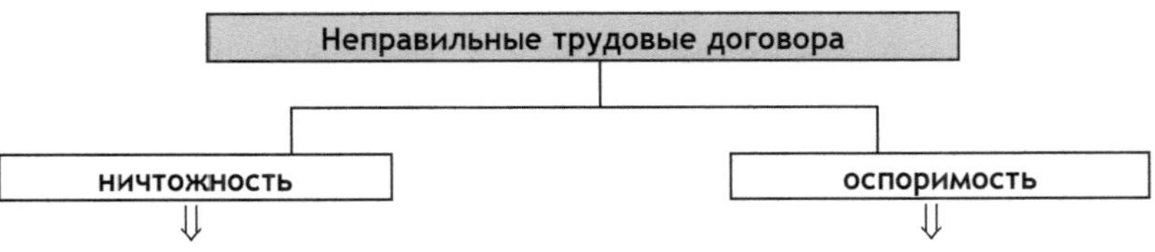

причины:

- недееспособность, § 105 BGB
- ограниченная дееспособность, §§ 106 и след. BGB
- отсутствие полномочия на представительство, § 177 BGB
- несоблюдение предписанной законом формы, § 125 BGB
- кабальная заработная плата, § 138 II BGB
- несоответствие общепринятым нормам морали, § 138 I BGB
- нарушение законных запретов, § 134 BGB

причины:

- заблуждение,
- угроза,
- умышленное введение в заблуждение (§§ 119, 120, 123 BGB)

13.2 Смерть работника

Со смертью работника заканчивается трудовое отношение (§ 613 BGB). Трудовое отношение оканчивается со смертью работодателя тогда, когда работодатель является физическим лицом.

13.3 Ограничение срока

Ограниченные сроком трудовые договора (трудовые договора на время) оканчиваются без увольнения по истечении оговоренного срока (§ 15 TzBfG). Продолжительность ограниченного сроком трудового договора может определяться назначенным временем или целью работы.

13.4 Пенсионный возраст

Достижение законного пенсионного возраста не значит автоматически окончание трудового отношения. Без увольнения трудовое отношение оканчивается только при достижении законного пенсионного возраста или при получении пенсии по старости, если это соответствующим образом установлено тарифным соглашением, коллективным или трудовым договором (§ 41 SGB VI).

13.5 Отменяющий приговор

Если увольнение недействительно, но сотрудничество из-за ссоры сторон не приемлемо, существует возможность по заявлению одной из сторон окончить трудовое отношение через отменяющий приговор с выплатой работодателем компенсации (§ 9 KSchG). Размер компенсации может составлять в зависимости от возраста и стажа до 18 месячных окладов (§ 10 KSchG).

13.6 Договор о прекращении трудового правоотношения

Письменным договором трудовое отношение может прекращаться в любое время. В этом случае не действуют ни предписания относительно увольнений, ни право участия производственного совета. Также беременные, инвалиды и участники производственного совета могут заключать договор о прекращении трудового правоотношения. Договор о прекращении может обжаловаться из-за заблуждения относительно содержания, противозаконной угрозы или умышленного введения в заблуждение.

Для вступления в юридическую силу договор о прекращении нуждается в письменной форме, § 623 BGB. Если письменная форма не соблюдается, договор о прекращении недействителен (§ 125 BGB). Трудовое отношение продолжает существовать. Последствия договора о прекращении для налогообложения и социального страхования работнику необходимо объяснить.

В рамках договора о прекращении стороны могут договариваться об уплате компенсации. Законного правопритязания на компенсацию, однако, не существует.

Правопритязание на пособие по безработице бездействует, если работник из-за окончания трудового отношения получил компенсацию или имеет право на компенсацию и в неё включена заработная плата. Это имеет место тогда, когда трудовое отношение было окончено без соблюдения обычного срока предварительного уведомления об увольнении (§ 143a SGB III). Право на пособие по безработице бездействует в течение не соблюдённого срока увольнения, самое большее один год. В зависимости от размера компенсации и законных необлагаемых налогом минимумов, срок приостановления может сокращаться. Запретительный срок без выплаты пособия по безработице с регулярной продолжительностью 12 недель наступает тогда, когда работник сам расторгнул трудовое отношение без важной на то причины (§ 144 SGB III).

13.7 Неполная занятость в старости

Согласно § 1 Закона о неполной занятости в старости (ATG) работникам, которые достигли 55 летнего возраста, может быть предоставлена возможность скользящего перехода от трудовой жизни на пенсию посредством неполной занятости в старости. Федеральное ведомство по труду содействует этим мерам соответствующими дополнительными выплатами сроком до 6 лет при наличии определённых предпосылок (повторное занятие рабочего места на минимум 4 года безработным или работником после окончания образования).

Закон о неполной занятости в старости (ATG) не обосновывает, однако право на неполную занятость в старости. Требуется скорее индивидуально-договорное или тарифное соглашение, которое предусматривает такое право.

Важные, относящиеся к области трудового права положения, которые касаются неполной занятости в старости, содержит § 8 ATG, в частности, запрет увольнения из-за возможного использования права неполной занятости в старости (§ 8 I ATG). Закон о неполной занятости в старости (ATG) ограничен сроком до 31.12.2009.

14 Увольнение

Увольнение – это заявление одной из сторон трудового договора о желании окончить трудовое отношение. Принципиально как работодатель, так и работник имеют право увольнения, при этом для обеих сторон действуют основные положения права договорных отношений. Работник защищён от необоснованного увольнения Законом, запрещающим необоснованное увольнение (KSchG), правом слушания и возражения производственного совета / комитета представителей (§ 102 BetrVG; § 31 II Закона о комитете представителей, SprAuG) и положениями запрещающие необоснованное увольнение для особенных групп людей. Увольнение, как одностороннее волеизъявление, имеет следующие последствия:

- Увольнение несовершеннолетнего без согласия законного представителя недействительно (§ 111 BGB);
- Увольнение требует соответствующего полномочия (§ 180 I BGB), разрешение задним числом возможно только, если получатель увольнения не опротестовывает утверждаемое полномочие;
- Увольнение объявленное уполномоченным недействительно, если оно безотлагательно отвергается получателем увольнения и уполномоченный не предъявляет доверенность (§ 174 BGB). Отказ в приёме увольнения невозможен, если уполномоченный занимает позицию на предприятии, которая обычно связана с правом увольнения.

14.1 Получение увольнения

Получение увольнения – это условие его действительности и начала срока предварительного уведомления. Чтобы быть действительным, увольнение не нуждается в его принятии другой стороной. Поступление к получателю имеет место, если заявление увольнения попадает в сферу власти получателя, таким образом, что можно рассчитывать на ознакомление с ним при обычных обстоятельствах.

Увольнение не может односторонне отзываться. Отзыв увольнения возможен только до его поступления. После поступления получатель должен дать согласие на отзыв, в противном случае трудовое отношение оканчивается.

14.2 Содержание и форма увольнения

Увольнение должно происходить в письменной форме (§ 623 BGB). Оно должно быть понятным и не допускающим сомнений. Неясности обременяют увольняющего. Если время окончания трудового отношения не указанно однозначно, релевантным считается ближайший возможный срок обычного расторжения договора.

Указание причины увольнения не предписано при обычном расторжении договора. При чрезвычайном увольнении причину необходимо указывать только по соответствующему требованию (§ 626 II BGB).

Исключения:

1. если оговорено тарифным соглашением, коллективным или индивидуальным договором;
2. если увольняется отношение профессионального обучения (§ 22 III BBiG).

Предоставление дополнительных причин принципиально допустимо, если таковые существовали уже при передаче увольнения. Если существует производственный совет, то дополнительные основания, к которым производственный совет не заслушивался надлежащим образом, не могут быть предоставлены (§ 102 BetrVG).
Увольнение может быть ничтожным из-за нарушения законного запрета или общепринятых моральных норм (напр. §§ 125, 138 BGB).

14.3 Право участия производственного совета / комитета представителей

Если производственный совет / комитет представителей не информируется перед увольнением с указанием оснований, увольнение недействительно (§ 102 I BetrVG; § 31 II SprAuG). Производственный совет / комитет представителей может в течение 3 дней высказать сомнения относительно чрезвычайного увольнения. При увольнении, с предварительным предупреждением, производственный совет может в течение одной недели выражать сомнения (§ 102 II BetrVG) или возражать письменно (§ 102 III BetrVG), если

- работодатель при социальном выборе недостаточно учёл социальные основания,
- увольнение противоречит директивам, которые оговорены с производственным советом,

- дальнейшая занятость увольняемого работника возможна на другом рабочем месте в производстве или на предприятие,
- дальнейшая занятость возможна после приемлемых мер обучения или с изменёнными условиями договора.

Если производственный совет возражает против увольнения и работник своевременно предъявляет иск по защите от необоснованного увольнения, то работника нужно занимать до окончания процесса, если это не ведёт к неприемлемому отягощению работодателя (§ 102 V BetrVG).

14.4 Обычное увольнение

Обычный случай одностороннего окончания бессрочного трудового отношения – это увольнение с соблюдением срока предварительного предупреждения (§ 622 BGB). Такое увольнение допустимо даже до того как работник приступил к работе. Тарифным или индивидуальным соглашением можно исключить право обычного увольнения. Коллективным договором можно исключить право обычного увольнения, только если не существует тарифных ограничений права увольнения.

При ограниченных сроком трудовых отношениях обычное увольнение исключено, если об этом не существует конкретного соглашения в трудовом договоре (§ 15 III TzBfG).

Об уходе работник может заявлять без объективной причины. Увольнение работодателя должно быть социально обоснованно при применении Закона запрещающего необоснованное увольнение (§ 1 KSchG).

Обычное увольнение может происходить в 4 недельный срок к пятнадцатому или к концу календарного месяца (§ 622 I BGB). Срок предварительного уведомления во время оговоренного испытательного срока (самое долгое 6 месяцев) составляет минимум 2 недели (§ 622 III BGB).

Для вычисления срока действуют §§ 186 и след. BGB. Здесь речь идёт о так называемом сроке события согласно § 187 I BGB. При несоблюдении срока предварительного уведомления увольнение, как правило, остаётся действительным, поскольку может истолковываться как увольнение в ближайший возможный срок (§ 140 BGB).

Соответственно продолжительности трудового отношения продлеваются сроки предварительного уведомления для работодателя (§ 622 II BGB):

Продолжительность трудового отношения	Срок увольнения
2 года	1 месяц к концу месяца
5 лет	2 месяца к концу месяца
8 лет	3 месяца к концу месяца
10 лет	4 месяца к концу месяца
12 лет	5 месяцев к концу месяца
15 лет	6 месяцев к концу месяца
20 лет	7 месяцев к концу месяца
При вычислении стажа не учитывается время работы до окончания 25-ти летнего возраста.	

Тарифными соглашениями могут предусматриваться как более длительные, так и более короткие сроки (§ 622 IV BGB). Индивидуальным соглашением стороны могут договариваться принципиально только о более длительных сроках предварительного уведомления; о более коротких сроках только в виде исключения (§ 622 V BGB):

- для временных работников, если длительность трудового отношения не превышает трёх месяцев;
- на предприятиях с не больше 20 работниками (причём не учитываются обучающиеся, а работники с неполной занятостью учитываются с регулярным еженедельным рабочим временем не больше чем 20 часов с 0,5 и не больше чем 30 часов с 0,75 еженедельно). Срок предварительного уведомления составляет тогда 4 недели без определённой даты расторжения договора.

Для увольнения работником не должен действовать более длительный срок, чем для увольнения работодателем (§ 622 VI BGB).

14.5 Чрезвычайное увольнение

Чрезвычайное увольнение принимается во внимание, если существует причина, которая делает продолжение трудового отношения неприемлемым для партнёра по договору (§ 626 BGB). Чрезвычайное увольнение должно быть неминуемо последней мерой для увольняющего, т.е. все более мягкие средства (например, перевод на новую должность, возможность расторжения договора с одновременным предложением заключить новый договор с изменениями, обычное увольнение) должны быть исчерпаны.

В противоположность обычному увольнению, чрезвычайное увольнение может объявляться бессрочно. Чрезвычайное увольнение вступает в силу с днём его поступления.

14.5.1 Важная причина

Причина чрезвычайного увольнения должна быть настолько важной, что продолжение трудового отношения объективно невозможно. Такие основания могут быть, например:

- отказ выполнять работу, прогулы со значительными простоями,
- нарушение инструкций по технике безопасности,
- серьёзные оскорбления,
- вождение автомобиля в нетрезвом состоянии (у автомобилистов),
- взяточничество; мошенничество с накладными расходами,
- неправильная документация рабочего времени.

14.5.2 Неприемлемость

При чрезвычайном увольнении увольняющей стороне должно быть неприемлемо продолжать трудовое отношение до истечения обычного срока предварительного уведомления. При этом нужно учитывать все обстоятельства единичного случая и взвешивать интересы предприятия и интересы работника.

Если, например, существуют недостатки в выполнении, которые работник может устранить, то прежде в таком случае необходимо предупреждение (§ 314 II BGB). Если вероятно существование совместной вины работодателя, то чрезвычайное увольнение может быть необоснованным.

14.5.3 Срок заявления

Чрезвычайное увольнение должно объявляться в течение 14 календарных суток, после того, как причина увольнения стала известна работодателю. По истечении срока неопровержимо предполагается, что увольняющему продолжение трудового отношения приемлемо. В течение этого срока должно проводиться слушание производственного совета / комитета представителей (§ 102 BetrVG; § 31 II SprAuG).

14.5.4 Увольнение по подозрению в неблагонадёжности

Сильное подозрение в тяжёлом нарушении обязанностей по трудовому договору может быть причиной для увольнения. Условие для этого состоит в том, что

1. подозрение объективно обосновано фактами;
2. отношение доверия основательно разрушено;
3. работнику предоставлялась возможность высказать свою точку зрения;
4. работодатель предпринял всё для разъяснения сложившейся ситуации.

Если вследствие доказанной невиновности подозрение было необоснованно, у работника есть право восстановления на рабочем месте.

14.6 Расторжение договора с одновременным предложением заключить новый договор с изменениями

Частичные увольнения, т.е. увольнения отдельных условий трудового отношения, без одновременного расторжения всего трудового отношения, не допустимы. Для изменения отдельных определений трудового договора необходимо расторжение договора с одновременным предложением заключить новый договор с изменениями. Это увольнение связано с предложением, продолжать трудовое отношение на изменённых условиях (§ 2 KSchG). Оно ведёт к окончанию всего трудового договора, если получатель увольнения не соглашается с предложенными изменениями. Работник может подавать иск против этого окончания.

Работник может также соглашаться с предложенными изменениями или давать согласие с оговоркой. В последнем случае у него есть возможность предъявить иск на установление социальной неоправданности изменений условий труда (§ 2 KSchG). В таком случае процессом по защите от необоснованного увольнения проверяется, соответственно цели увольнения изменения, приемлемость изменений условий труда для работника. Если устанавливается неприемлемость, то работник должен быть занят на прежних условиях.

14.7 Запрещение необоснованного увольнения

Нужно отличать трудовые отношения, которые не подлежат Закону запрещающего необоснованное увольнение (KSchG) - это трудовые отношения с общим и с особенным запрещением необоснованного увольнения.

Не попадают под Закон запрещающий необоснованное увольнение трудовые отношения, которые продолжаются не дольше 6 месяцев (§ 1 I KSchG).

На предприятиях с 10 или меньшим количеством работников (без обучающихся) KSchG не распространяется на работников, трудовые отношения которых начались после 31.12.2003. Работники, которые 31.12.2003 уже были заняты на предприятии, с больше чем 5 работниками, защищены от необоснованного увольнения. Эти работники сохраняют защиту от необоснованного увольнения всё время, пока на предприятии задействованы больше чем 5 работников. При установлении обоих пороговых величин работники с неполной занятостью учитываются пропорционально их доле участия (до 20 часов в неделю с 0,5, до 30 часов в неделю с 0,75).

14.8 Основания увольнения

Увольнения являются согласно § 1 KSchG социально правомочными, если основания

- связаны с личностью работника или
- определены поведением работника или
- обусловлены безотлагательной производственной необходимостью.

Кроме того, не должны присутствовать причины в смысле § 1 II KSchG и по всей форме, своевременно высказанный протест производственного совета. Вышеупомянутые основания - это:

- нарушение директив отбора § 95 BetrVG,
- возможность продолжения работы на другом рабочем месте того же самого производства или предприятия,
- возможность продолжения работы, после приемлемых мер переквалификации, повышения квалификации или с изменёнными условиями труда при согласии работника.

Общее для всех оснований увольнения:

Принцип прогноза: Причины увольнения относятся к будущему. Следует проверить, возможность продолжения работы в будущем. При этом важна оценка в момент поступления увольнения.

Принцип последнего средства воздействия: Увольнение должно быть последним находящимся в распоряжении средством решения производственной проблемы. Если имеются более мягкие средства (например: перевод на новую должность), то ими нужно воспользоваться.

Взвешивание интересов: нужно взвешивать интересы работодателя в прерывании договора и интересы работника в дальнейшем существовании трудового отношения. Увольнение тогда обосновано, когда интересы работодателя более весомы.

Интересы, которые следует учитывать при увольнении	
на стороне работодателя:	**на стороне работника:**
• функциональная способность производства • трудовая дисциплина сотрудников • возникновение конкретного ущерба • опасность повтора • нанесение существенного вреда авторитету работодателя	• вид, частота, тяжесть вменяемого в вину нарушения долга • прежнее поведение работника • совместная вина работодателя • трудовой стаж и возраст • социальное положение работника

14.8.1 Связанные с личностью основания увольнения

Связанные с личностью основания – это основания, которые базируются на личных качествах и способностях работника. При этом, в отдельном случае, может быть затруднено их отличие от оснований обусловленных поведением. К основаниям связанных с личностью относятся главным образом:

- недостаточная физическая или умственная пригодность,
- ослабление работоспособности,
- заболевания, которые значительно снижают применение рабочей силы работника.

Если увольнение опирается на подобные основания, они должны вести к конкретному нарушению производственных интересов. Кроме того, определённые нарушения или (временная) невозможность выполнения работы должны предвидится и в будущем.

В пользу работника при взвешивании интересов нужно учитывать, были ли известны основания уже до начала трудового отношения или возникли во время трудового отношения.

Связанная с личностью причина увольнения существует также, если иностранный работник нуждается в разрешении на работу. Однако в данном разрешении ему было отказано или таковое было отозвано. Если иностранный работник своевременно не беспокоится о разрешении на работу, может возникнуть обусловленная поведением причина увольнения.

Важный прикладной случай увольнения, связанного с личностью – это заболевание работника. Допустимость такого увольнения подчинена строгим критериям. Отличают три группы случаев заболевания:

- длительные заболевания,
- частые короткие заболевания,
- обусловленное болезнью снижение трудоспособности.

Условия увольнения обусловленного болезнью:

1. в прошлом значительные пропуски, по причине болезни,
2. отрицательные прогнозы на момент увольнения,
3. значительные, неприемлемые нарушения производственных интересов.

В определённых случаях работодатель должен вводить на производстве интеграционный менеджмент для работников, которые продолжительно болеют (превенция согласно § 84 II SGB IX).

При длительных заболеваниях важно, что восстановление здоровья объективно не предвидится, а рабочее место по производственным причинам снова должно быть занято. Работодатель должен сначала преодолеть, обусловленное болезнью работника, время простоя другими приемлемыми мерами.

Пример:
- приём на работу подсобного работника,
- временная реорганизация,
- временные изменения организации производственного процесса,
- временное внедрение дополнительного труда.

Какие мероприятия в частности и как долго они приемлемы для работодателя, решают обстоятельства отдельного случая.
Также болезненные пристрастия являются заболеваниями, которые могут оправдывать увольнение. Но и здесь увольнение возможно,

только, если из-за заболевания недопустимо страдают производственные интересы.

При, обусловленном болезнью, снижении трудоспособности важно, имеет ли место значительное снижение ниже среднего уровня и угрожает ли это конкретно производственному процессу.

14.8.2 Определяемые ненадлежащим поведением основания увольнения

Согласно § 1 II S. 1 KSchG увольнение социально не правомочно, если оно не обусловлено основаниями, которые лежат в поведении работника. Определяемые ненадлежащим поведением основания увольнения – это, прежде всего нарушения договора, они имеют место в следующих случаях:

- при нарушении договора (например: нарушение запрета курения),
- при внеслужебном поведении, если вследствие этого трудовое отношение конкретно ухудшается (например: лишение водительских прав),
- в области выполнения, если дошло до нарушений обязанностей работника (отказ выполнять работу, прогул),
- при нарушении поведенческих обязанностей, которые касаются производственного порядка (например: частые опоздания),
- в личной доверительной области, например: взяточничество.

Если речь идёт о нарушениях обязанностей в области производительности (например: незначительная или плохая производительность труда), то принципиально требуется предупреждение. Только после своевременного и конкретного предупреждения, в котором точно указываются недостатки в выполнение работы, а также указывается на угрозу для трудового отношения, в случае повтора, может объявляться увольнение с соблюдением срока предварительного уведомления. Принципиально перед увольнением достаточно одно соответствующее предупреждение; при лёгких нарушениях или длительном времени службы требуются несколько предупреждений.

При неправильном поведении в

- области доверия (например: кража) или
- в производственной области (например: прекращение работы)

увольнение в отдельных случаях допустимо даже без предшествующего предупреждения.

При этом увольнение оправдывают только такие основания, которые делают продолжение трудового отношения неприемлемым для работодателя. Решающими являются обстоятельства отдельного случая и наличие тесной связи с договорными обязанностям работника. Необходимо, как правило, наличие вины работника в поведении, которое ведёт к увольнению.

14.8.3 Увольнение, определяемое производственными основаниями

Увольнение, определяемое производственными основаниями, оправдано, если оно обусловлено безотлагательной производственной необходимостью, которая противостоит дальнейшей занятости работника на этом предприятии. Увольнение по производственным причинам – это следствие

- внутрипроизводственных обстоятельств (например: мероприятия в области рационализации, реорганизация) или
- непроизводственных обстоятельств (например: недостаток заказов, уменьшение товарооборота).

Устранение рабочего места

Первое условие увольнения по производственным причинам – это предпринимательское решение, согласно которому наличествующий персонал приводится в соответствие с изменёнными требованиями. Смысл и цель предпринимательского решения не проверяется судом по трудовым конфликтам; исключение допускается только тогда, когда решение очевидно неделовое, неразумно или произвольно.

Основания являются срочными, если увольнение неизбежно, из-за экономического положения предприятия. В спорном случае работодатель должен доказывать внутрипроизводственные и непроизводственные основания увольнения.

Отсутствие возможности продолжения работы

Перед увольнением, определяемым производственными основаниями, необходимо проверить, возможность продолжения занятости работника на предприятии посредством перевода на новую должность, переквалификацию или в рамках расторжения договора с одновременным предложением заключить новый изменённый договор. Также ликвидация сверхурочных часов или отношения, вытекающие из передачи работника внаём, могут играть при этом определённую роль.

Социальный выбор

Следующее условие правомерного увольнения по производственным причинам – при наличии экономических оснований - это удовлетворительный социальный выбор. В соответствии с которым, при выборе между несколькими работниками должен быть уволен тот, который меньше всего нуждается в сохранении рабочего места.

При социальном выборе необходимо сначала установить, какие сотрудники сравнимы друг с другом. Это зависит в первую очередь от признаков рабочего места. Нужно учитывать профессиональные группы, выполняемую деятельность и возможно квалификационные признаки. Если сравнимые работники установлены, то по производственным причинам увольняется тот работник, который, исходя из его социальных данных, нуждается в самой незначительной защите. При оценке потребности в защите нужно учитывать следующие пункты:

- стаж работы на предприятии,
- возраст,
- существующие обязанности содержания (семьи),
- инвалидность работника.

Выбор по социальным аспектам не распространяется на рабочих, дальнейшая занятость которых из-за их знаний, способностей или результатов работы лежит в интересах предприятия.

Согласно § 1 III KSchG работодатель должен, по требованию работника, сообщать ему основания, которые привели к данному социальному выбору.

При увольнении по производственным причинам у работника есть право на компенсацию (0,5 ежемесячных заработков трудового года), если он не предъявил иск по защите от необоснованного увольнения и работодатель указал ему на эту возможность (§ 1a KSchG).

14.9 Особая защита от необоснованного увольнения

Законодатель рассматривает определённые группы людей как особенно нуждающиеся в защите. Он расширил защиту этих людей от необоснованного увольнения и сделал увольнение зависящим от административного согласия или ограничил его на определённые фактические обстоятельства дела.

Специальные регулирования существуют, кроме всего прочего, при увольнении для

- отношений профессиональной подготовки (§ 15 BBiG),
- беременных и матерей после родов (§ 9 MuSchG),
- работников в декретное время (§ 18 BEEG),
- работников во время ухода за близкими родственниками (§ 5 PflegZG),
- инвалидов(§§ 85 и след. SGB IX),
- военнослужащих и находящихся на альтернативной службе (§ 2 ArbPlSchG, § 78 I ZDG),
- членов производственного совета, членов избирательной комиссии и балатирующихся (§ 15 I, III KSchG),
- членов представительства инвалидов (§ 96 III SGB IX),
- уполномоченных по защите от воздействия вредных веществ и уполномоченных по охране окружающей среды (§ 58 II BImSchG),
- обладателей удостоверения обеспечения горняков,
- депутатов и обладателей мандата.

Особая защита от необоснованного увольнения состоит в запретах и затруднениях увольнения. Запреты увольнения существуют для работников, которые несут военную или альтернативную службу, для беременных и в течение декретного времени. В этих случаях увольнение может проводиться только после успешного проведения особо отрегулированного государственного процесса разрешения (например: при производственной консервации).

Затруднения увольнения существуют для инвалидов, увольнение которых требует предварительного согласия интеграционного ведомства. Члены производственного совета или совета представителей персонала пользуются обширной защитой от обычного увольнения. Чрезвычайное увольнение таких функциональных носителей может происходить только со специального согласия органа, которому принадлежит увольняющийся сотрудник. Кандидаты выборов и члены избирательной комиссии пользуются похожей защитой. По истечении испытательного срока, отношение профессионального обучения больше не подлежит обычному увольнению со стороны обучающего предприятия.

14.10 Процесс по защите от необоснованного увольнения

Иск о защите от необоснованного увольнения работник должен передавать в суд по трудовым конфликтам в течение трёх недель после поступления увольнения (§ 4 KSchG). Такой же срок действует и при предъявлении иска о признании, что трудовое отношение, несмотря на ограничение сроком, продолжает существовать на неопределённый срок (§ 19 TzBfG) и в случае неплатежеспособности (§ 113 II Положения о неплатежеспособности, InsO).

Закон, запрещающий необоснованное увольнение применим также при расторжении договора с одновременным предложением заключить новый договор с изменениями (§ 2 KSchG). Требование социального выбора при увольнении по производственным причинам распространяется также на расторжение договора с одновременным предложением заключить новый изменённый договор.

Во время спора о правомерности увольнения, уволенный работник обладает правом на продолжение работы, также после окончания срока предварительного уведомления. Право сохраняется до момента, имеющего юридическую силу, окончания процесса по защите от необоснованного увольнения, если увольнение по установлению суда недействительно и достойные защиты интересы работодателя не противостоят продолжению работы. Если противоправность увольнения не является очевидной, то до приговора в первой инстанции у работника нет правопритязания на продолжение работы.

Право продолжения работы, до вступления в законную силу окончания процесса, по защите от необоснованного увольнения, существует также, если производственный совет возражает против увольнения, согласно § 102 V BetrVG.

15 Массовые увольнения

Массовое увольнение - это увольнение большей части коллектива на основе обычного увольнения или увольнения с одновременным предложением заключить новый изменённый договор. На предприятиях с больше чем 20 работниками массовые увольнения при достижении определённых размеров обязаны сообщаться ведомству по труду. Действуют следующие квоты (§ 17 KSchG):

Количество работников	Увольнение считается массовым
21 - 59	при больше, чем 5 увольнениях
60 - 499	при, по крайней мере, 10 % или больше чем 25 увольнениях
500 и больше	при, по крайней мере, 30 увольнениях

Количество работников нужно устанавливать в срок окончания трудового отношения; при этом нужно исходить из обычного, а не из, например, случайно более низкого на данный момент количества работников. Массовое увольнение имеет также место, если увольнения происходят не за один раз, а в течение 30 дней, или если дополнительные увольнения в течение 30 дней ведут к превышению вышеназванных чисел.

Учитываются увольнения, которые должны проводиться в течение 30 календарных суток. Исходить нужно при этом из фактического окончания трудовых отношений, а не из увольнений объявленных в это время. Трудовые отношения, которые оканчиваются чрезвычайными увольнениями, взаимными договорами о прекращении отношений, истечением ограниченных сроком договоров или увольнениями работников (если только они не были инициированы работодателем) при этом не учитываются. Защита от массовых увольнений не распространяется также на государственные предприятия без экономической цели, на морское судоходство и на предприятия сезона и кампании.

Если предстоит массовое увольнение, то необходимо своевременно уведомлять производственный совет. Работодатель должен консультировать с ним меры воспрепятствования увольнениям и предотвращения негативных последствий для затронутых работников (социальный план). О намерении массового увольнения нужно сообщать ведомству по труду самое позднее за 30 дней до объявления увольнения (содержание в соответствии с § 17 III KSchG); необходимо сообщать также точку зрения производственного совета.

Принимая во внимание участие производственного совета, предусматривает § 17 KSchG следующее:

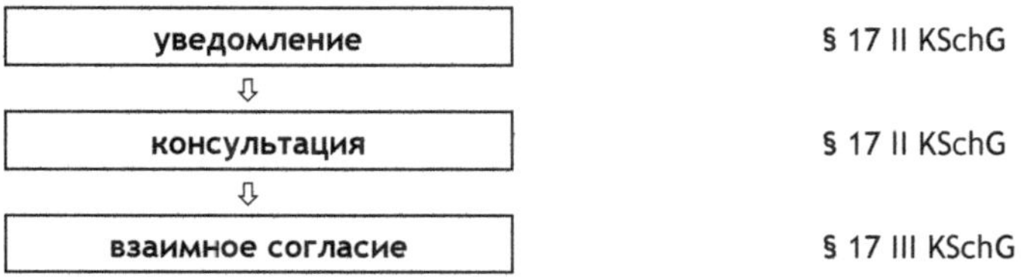

уведомление	§ 17 II KSchG
⇩	
консультация	§ 17 II KSchG
⇩	
взаимное согласие	§ 17 III KSchG

Уведомление трудового ведомства в соответствии § 17 KSchG должно происходить в письменной форме. Кроме всего прочего, оно должно содержать: сведения о количестве обычно занятых работников, число увольняемых работников, основания увольнений и срок, в который должны проводиться увольнения. Далее нужно прилагать копии уведомления производственного совета и его заключения.

Несмотря на участие производственного совета в процессе уведомления, его необходимо заслушивать и перед увольнениями, согласно § 102 BetrVG.

Не выполняется обязанность уведомления или уведомление является ошибочным, то увольнение недействительно, разумеется, только, если работник ссылается по отношению к работодателю на недействительность.

С извещением ведомства по труду начинается одномесячный ограничительный период, во время которого увольнения не действительны (§ 18 KSchG). Срок может продлеваться на 2 месяца. С согласием на массовые увольнения, увольнения становятся действенными по истечении ограничительного периода. Во время ограничительного срока может вводиться неполная рабочая неделя (§ 19 KSchG).

16 Правопритязания при законченном трудовом отношении

После окончания трудового отношения существует постдоговорной долг надёжности. Таким образом, возникает, после окончания трудового отношения, обязанность бывших сторон трудового договора к определённой форме поведения, которая соответствует известному началу надёжности и доверия. Закон против недобросовестной конкуренции защищает предпринимателя, прежде всего общей оговоркой § 1 UWG против конкурентных действий уволенного работника.

16.1 Освобождение от работы до окончания срока договора

Во время срока увольнения работник принципиально имеет право на дальнейшую выплату жалованья и на фактическую занятость. Эта обязанность предоставления работы существует принципиально и по отношению к руководящим работникам.

Исключения допускаются тогда, когда работодатель больше не может занимать работника (производственная консервация, нарушения производственного процесса с простоем производства) или он имеет обоснованный интерес к освобождению работника от работы. Например,

- если существуют подозрения совершения наказуемого действия или прочего тяжёлого нарушения договора,
- при обоснованном подозрении, что работник перешёл к конкуренции,
- если по социальным основаниям произошло обычное, а не чрезвычайное увольнение,
- при нарушении производственного покоя,
- если регулярные нарушения трудовых обязанностей могут привести к возникновению убытков.

Правопритязание работника на заработную плату не устраняется его освобождением от работы. При бонификации согласно выработке или непостоянной бонификации дальнейшая выплата должна происходить на основе прошедшего репрезентативного периода. К выплачиваемой бонификации освобождённый работник должен прибавлять согласно § 615 пр. 2 BGB размер возможного заработка в другом месте.

Право на освобождение от работы существует также и для явки в ведомство по труду (§ 2 II SGB III).

16.2 Свободное время для поиска работы

В соответствии с § 629 BGB работодатель должен, после увольнения бессрочного трудового отношения, предоставлять работнику по требованию соразмерное свободное время для поиска работы. При этом не имеет значения, кто был инициатором увольнения работник или работодатель.

Следующее условие состоит в том, что освобождение необходимо для поиска работы. Если, например, собеседование при приёме на работу может происходить в свободный от работы день, то у работника нет правапритязания на предоставление свободного времени во время остальных рабочих дней.

Свободное время определяется работодателем с учётом интересов работника (§ 315 BGB) и производственных нужд.

Относительно продолжения выплаты заработной платы действует § 616 BGB. Соответственно это время отсутствия принципиально нужно расценивать, как неявка на работу без вины. И, если речь идёт об относительно незначительном времени отсутствия, его следует оплачивать.

16.3 Запрещение конкуренции

Во время существования трудового отношения работнику принципиально запрещена любая конкуренция по отношению к собственному работодателю, также при отсутствии определённой договорённости. Напротив, после окончания трудового отношения сотрудник свободен в использовании своей рабочей силы. Он подчинён ограничению, только если о постдоговорном запрете недозволенной конкуренции договаривались, что принципиально допустимо (§ 110 GewO). Законом регулируются подробности запрещения недозволенной конкуренции §§ 74 и след. HGB. Эти положения имеют значение, если соответствующее соглашение заключается, также для всех других трудовых отношений.

Условием действенности конкурентного соглашения является то, что работник при заключении конкурентного соглашения совершеннолетний. Помимо этого, необходимо соблюсти письменную форму и выдать работнику соответствующий подписанный работодателем документ. Запрещение недозволенной конкуренции обязывает только, если работодатель обязуется на время запрета платить возмещение, которое составляет на каждый год запрета, по меньшей мере, половину получаемых работником согласно договору последних платежей. Под платежами подразумевается не только зарплата, а также все дополнительные добровольные выплаты.

Запрещение недозволенной конкуренции не должно несправедливо затруднять преуспевание работника с одной стороны и должно служить одновременно правомочному коммерческому интересу работодателя с другой стороны. Интересу предпринимателя в исключении конкуренции противостоит интерес работника в исключении чрезмерных помех его профессионального роста. Несправедливое затруднение преуспевания сотрудника может лежать в местном распространении, во временном расчёте и в предметном разграничении запрета конкуренции.

Запрещение недозволенной конкуренции может заключаться самое большее сроком на два года. Однако в отдельном случае такой срок может быть несправедливым и должен соответствующим образом сокращаться.

Соглашение о запрещение конкуренции		
содержание регулирования		**правовые последствия**
Не договорена компенсация.	⇒	Договоренность ничтожная.
Договорена слишком низкая компенсация.	⇒	Запрет конкуренции не обязывает работника. Работник имеет право выбора отказываться или нет от конкуренции за компенсацию.
Работодатель оставляет за собой право разрешать конкуренцию (условный запрет недозволенной конкуренции)	⇒	Запрет конкуренции не обязывает работника. Работник имеет право выбора отказываться или нет от конкуренции за компенсацию.
Соглашение о запрете конкуренции сроком, например, на 2 года с компенсацией превышающей годовую зарплату.	⇒	Запрет конкуренции обязывает. При нарушении работником: • требование прекращения и • право работодателя на возмещение ущерба.

16.4 Возврат денежных платежей

Относительно возврата денежных платежей, которые работодатель произвёл в рамках трудового отношения, нужно отличать, кроме всего прочего, обратные требования ошибочно выплаченной – без задолжности – зарплаты, авансовые платежи, которые больше не покрываются заработками работника, уплата незаработанного агентского вознаграждения, а также добровольные выплаты, произведённые работодателем. Возврат добровольных платежей представляет, пожалуй, самый важный случай обратного платёжного требования.

Обязанность возвращения добровольных социальных платежей существует, только если она специально и однозначно оговорена. Однако трудовой договор может также ссылаться на правила трудового порядка предприятия.

Значение имеет в частности возвращение

- гратификаций,
- добровольно предоставленных дополнительных отпускных,
- расходов на обучение и повышение квалификации,
- выплат на основе ссуды работодателя;
- издержек, связанных с переездом и маклером;
- расходов на официальные экзамены.

При проверке действенности подобных оговорок о возврате денежных платежей необходимо придерживаться строгих требований. Это распространяется в особенности на оговорки, которые регулируют возмещение понесенных работодателем расходов на обучение в случае выбывания работника из трудового отношения. При этом нужно взвешивать интерес работодателя относительно более долгосрочного обязательства работника, получившего образование за его счёт, и интерес работника в возможности свободно менять рабочее место.

Возврат ошибочных денежных платежей (например: вычислительная ошибка, ошибочное предположение обязательства, ошибочное отнесение к определённой категории) или бонификации без задолжности руководствуется правом обогащения (§§ 812 и след. BGB).

16.5 Производственное обеспечение по старости

Производственное обеспечение по старости находит свою законную основу в Законе об улучшении производственного обеспечения по старости (BetrAVG). Он регулирует, в том числе, сохранение права на обеспечение по старости, при окончании трудовых отношений до наступления случая обеспечения.

Право на обеспечение по старости не утрачивает силу при условии, что работник достиг 30-ти летнего возраста, и согласие снабжения существовало для него минимум 5 лет (§ 1b I BetrAVG). Несущественно в этой связи, окончилось трудовое отношение чрезвычайным или обычным увольнением работодателя или работника. Другое действует, однако, если имеющий право на обеспечение работник представляет такое грубое нарушение отношений с работодателем и обязанным к обеспечению, что сохранение согласия снабжения не согласуется с известным началом надёжности и доверия.

При окончании трудового отношения работодатель обязан сообщать работнику, какие ему причитаются права на пенсию от предприятия и когда они подлежат к уплате (§ 2 VI BetrAVG).

16.6 Документы, связанные с трудовым отношением

К трудовым документам относятся в первую очередь следующие документы:

Документы	Законная основа
свидетельство (аттестат)	§ 109 GewO, § 630 BGB, § 8, 19 BBiG
отпускная справка	§ 6 II BUrlG
справка с места работы	§ 312 SGB III
карта налога на заработную плату	§ 41b Закона о подоходном налоге (EstG); § 114 Закона о налоге на заработную плату (LStR)
справка о подоходном налоге	§ 41b EStG, § 135 LStR
карта удостоверения зарплаты (строительная отрасль)	§ 2 Федерального рамочного тарифного соглашения для ремесленных работников строительной отрасли (BRTV-Bau)
уведомление социального страхования	§ 28a I SGB IV; § 25 Постановления о получении и передачи данных (DEÜV)
удостоверение социального страхования	§§ 95 и след. SGB IV
подтверждение получения	§ 368 BGB
санитарные свидетельства	например, § 18 Федерального закона о защите от эпидемий (BseuchG); § 32 JArbSchG

При окончании трудового отношения работодатель должен дополнить трудовые документы и выдать их работнику. Это право возникает на основании закона (§ 312 SGB III, § 39b I EStG, § 41b I EStG) и постдоговорного долга попечения (§§ 985, 242 BGB). Принципиально выдача должна происходить с фактическим окончанием трудового отношения (день выхода). Если это не возможно по организационным причинам, то работодатель должен выдать временную справку.

Работодатель не обладает правом удержания. Если работодатель нарушает свой долг, то делается обязанным возместить ущерб в частноправовом плане по отношению к работнику и в публично-правовом по отношению к административным органам.

Справка с места работы (§ 312 SGB III) служит Федеральному ведомству по труду для установления пособия по безработице; она является документом, а не суррогатом свидетельства и не запасным свидетельством. Она является также основой при решениях Федерального ведомства относительно ограничительного периода, в случаях

- если работник получил компенсацию,
- если трудовое отношение окончилось бессрочно из-за противоречащего договору поведения работника (например, при краже).

По отношению к Федеральному ведомству по труду существует публично-правовой долг работодателя выдавать подобную справку. Нарушает работодатель обязательство выдавать справку с места работы, неосторожно или умышленно, как, например:

- неправильными или отрывочными данными,
- незаполнением подобной справки,

то он должен возместить Федеральному ведомству по труду нанесённый таким образом ущерб (§ 321 SGB III).

У работника есть возможность предъявлять иск против работодателя, о составлении и выдачи справки. Это подсудно суду по трудовым спорам (§ 2 I Nr. 3e ArbGG). Если работник предъявляет иск о выдаче справки с определенными данными, а также об исправлении или о дополнении, то это подсудно социальным судам. При этом речь идёт о публично-правовом споре из области социального страхования.

16.7 Отказ

В рамках увольнения работник может отказываться от определённых правопритязаний. И наоборот, имеются неотъемлемые права.

16.7.1 Отказ от прав

Кроме неотъемлемых прав работник может отказываться от всех других мыслимых прав из трудового отношения. Это – кроме всего прочего:

- право на продолжение выплаты заработной платы после окончания трудового отношения,
- право на компенсацию за воздержание от конкуренции,
- права в соответствии с Законом об изобретениях работников,
- предъявление и проведение иска по защите от необоснованного увольнения.

Отказ от этих прав должен выражаться однозначно, как, например, конкретно обозначаться в компенсационном подтверждении.

16.7.2 Неотъемлемые права

От этих прав нельзя отказаться:

Закон	Право
§ 13 BUrlG	право на минимальный отпуск и компенсацию за неиспользованный отпуск
§ 8 EFZG	право на продолжение выплаты заработной платы
§ 3 I BetrAVG	права на обеспечение по старости и на производственное обеспечение по старости
§ 77 IV BetrVG	права из коллективного договора без согласия производственного совета
§ 4 IV TVG	права из тарифного соглашения без согласия сторон тарифного соглашения

16.8 Свидетельство

При окончании своего трудового отношения каждый работник имеет право на свидетельство (§ 109 GewO). При этом у работника есть право выбора между простым и квалифицированным свидетельством. Право распространяется, прежде всего, на простое свидетельство, но при желании работник может запросить квалифицированное свидетельство (§ 109 I GewO).

Свидетельство является документом, который служит работнику как доказательство его предыдущей деятельности и соответственно его профессиональных знаний и опыта. Поэтому свидетельство должно быть составлено в соответствующей форме и иметь соответствующий внешний вид. Оно должно быть ясно и понятно сформулировано. Кроме того, свидетельство не должно содержать признаки или формулировки, назначение которых состоит в высказывании иной, не очевидной из внешней формы или текста, информации о работнике (§ 109 II GewO).

Содержание зависит от вида свидетельства. В то время как при простом свидетельстве требуются лишь анкетные данные о лице, а также виде и сроке деятельности, то при квалифицированном свидетельстве необходимы дополнительные данные о ведении и выполнении. При ученическом свидетельстве требуются данные о виде, сроке и цели профессионального обучения, а также о приобретённых знаниях и навыках обучаемого (§ 8 BBiG).

16.8.1 Обязанность правдивости и доброжелательности

Правда – это высший принцип при выдаче свидетельства, поэтому только факты. Однако, факты, обосновывающие подозрение в совершении преступления, утверждения или предположения, по этому поводу, не могут быть занесены в свидетельство. Наряду с требованием к правде, содержание свидетельства должно считаться с требованием благосклонной, доброжелательной оценке работника, поскольку преуспевание работника не должно излишне затрудняться.

С одной стороны, свидетельство должно служить работнику как основание для нового заявления, поэтому при низкой оценке его интересы находятся под угрозой. С другой стороны, свидетельство должно служить информации третьего лица, желающего зачислить на работу; его интересы находятся под угрозой, если работнику дают завышенную оценку. Из уравнивания этих возможно противоречивых интересов вытекает самое верхнее правило, правдивости свидетельства.

Принимаемые во внимание принципы правдивости и благосклонности взаимно ограничивают друг друга. Фактические отрицательные происшествия, которые отягощают оценку работника, противоречат требованию не затруднять излишне профессиональное преуспевание работника. Поэтому употребляются определённые стандартные предложения и выражения или пропускаются отдельные критерии (например, честность), которые, как правило, ожидаются в свидетельстве.

Формулировки свидетельства:

«ему порученные работы он всегда выполнял к нашему самому полному удовлетворению»	= очень хорошо
«ему порученные работы он всегда выполнял к нашему полному удовлетворению»	= хорошо
«ему порученные работы он выполнял к нашему полному удовлетворению»	= удовлетворительно
«ему порученные работы он выполнял к нашему удовлетворению»	= достаточно
«ему порученные работы он выполнял, в общем и целом, к нашему удовлетворению»	= недостаточно
«он старался выполнять ему порученные работы к нашему удовлетворению»	= абсолютно недостаточно

16.8.2 Время выдачи / вручения

Правопритязание на выдачу свидетельства возникает при окончании трудовых и служебных отношений, а также отношений профессионального обучения (§ 630 BGB, § 109 GewO, § 8 BBiG). Если работник требует свидетельство во время неуволенного трудового отношения и он имеет правомочный интерес (например, смена начальника), то работодатель должен безотлагательно составить упомянутое промежуточное свидетельство.

Если свидетельство содержит ошибочные изложения или неправильные утверждения, работник может требовать выдачу нового свидетельства. Простая поправка недостаточна. В определённых случаях свидетельство может проверяться судом по трудовым спорам. Суды по трудовым спорам имеют право, при определённых обстоятельствах, по-новому формулировать свидетельство.

16.8.3 Ответственность работодателя

Нарушает работодатель виновным образом, в соответствии с § 276 BGB, обязанность выдавать свидетельство, то должен возместить работнику, возникший вследствие этого, ущерб. Это распространяется как на свидетельства, которые выдаются с опозданием или вообще не выдаются, так и на свидетельства, содержащие ошибочные факты или неприемлемые оценки. Неправильное свидетельство может нанести вред и новому работодателю, если он, полагаясь на правильность и точность свидетельства, принимает работника на работу.

Выдающий свидетельство несёт ответственность, если он способом, нарушающим известное начало надёжности и доверия, умышленно причинил ущерб (§ 826 BGB) третьему лицу (новому работодателю).

Как ущерб работника рассматривается сумма, которую работник теряет вследствие отказа в принятии на работу или принятии с низким заработком, из-за отсутствующего или запоздало выданного свидетельства. Объём ущерба, который нужно возместить следующему работодателю, руководствуется §§ 249 и след. BGB. В соответствии с этим, работодатель, который выдавал свидетельство, должен восстановить состояние, которое было бы, если бы не существовало обязывающее к возмещению обстоятельство.

Содержание		
справка с места работы	свидетельство	
	простое	квалифицированное
Личные данные, вид, объём и продолжительность деятельности, заработок, выплата компенсаций.	Личные данные, вид и продолжительность деятельности.	Как при простом свидетельстве; дополнительные данные о ведении и выполнении.

16.9 Справка работодателя

Возможный новый работодатель принципиально имеет право запрашивать сведения о претенденте у его бывших работодателей. Такое информационное право не существует тогда, когда претендент запретил работодателю осведомляться у бывшего или нынешнего работодателя.

Предыдущий работодатель должен с точки зрения имеющего последствия известного начала надёжности и доверия давать справку о поведении и выполнении работника. Принципиально действует то же, что и в отношении свидетельства. Оформление справки может быть свободнее, чем свидетельства. Справка не должна, однако, производить впечатление, что ведение и выполнение работника нужно оценивать иначе, чем зафиксировано в свидетельстве.

Если работодатель не выдаёт справку, выдаёт не своевременно или с ошибочным содержанием, то он несёт ответственность за ущерб причинённый работнику.

17 Законодательство об уставе предприятия

Закон об уставе предприятия (BetrVG) является частью коллективного трудового права. Законодательство об уставе предприятия следует отличать от понятия межзаводского права голоса, которое предусматривает участие на уровне предприятий.

Основная мысль закона об уставе предприятия BetrVG – это конструктивное сотрудничество между работодателем и представительством персонала в преследовании общей цели, а именно

благополучие предприятия и коллектива.

Законная база для достижения этого целепредставления находится в § 2 I BetrVG зафиксированном принципе,

что производственные партнёры должны работать с полным доверием.

17.1 Производственный совет

Производственный совет – это созданное BetrVG законное представительство работников предприятия. Он должен представлять интересы работников, но также учитывать и интересы предприятия. Производственный совет действует на уровне предприятия. Существуют на предприятии несколько производств, то на уровне предприятия образуется общий производственный совет, в который производственные советы посылают участников. Общими производственными советами может создаваться для концерна производственный совет концерна.

Работодатель и производственный совет должны сотрудничать с полным доверием (§ 2 I BetrVG). Они должны, по меньшей мере, раз в месяц проводить совещание. При этом они должны вести переговоры с серьёзной волей к соглашению, а также вносить предложения для устранения расхождений во мнениях (§ 74 BetrVG).

Производственные советы создаются, как правило, на предприятиях которые имеют минимум пять постоянных работников, обладающих правом участия в выборах трое из которых баллотируются (§ 1 BetrVG). Время пребывания в должности производственного совета составляет четыре года (§ 21 BetrVG).

Регулярные выборы производственного совета происходят каждые четыре года с 1 марта по 31 мая (§ 13 BetrVG). Вне этого времени производственный совет можно выбирать только в виде исключения, в том числе тогда, когда по истечении 24 месяцев со дня выбора количество регулярно занятых работников выросло или снизилось на половину, по меньшей мере, однако, на 50 (§ 13 II BetrVG).

17.1.1 Избирательное право

Производственный совет выбирается работниками. Все работники, которые достигли 18-ти лет, имеют право участия в выборах (§ 7 BetrVG). Стаж работы на производстве не имеет значения для права участия в выборах. Правом участия в выборах обладают также обучающиеся, ученики, подмастерья работающие безвозмездно и практиканты, а также кустарные рабочие, которые действуют главным образом для предприятия. Кроме того, правом участия в выборах обладают работники, занятые на неполный рабочий день и призванные на военную службу или военные учения, чьё трудовое отношение бездействует на срок военной службы. Так же наёмные работники, предоставляемые предприятию на время, которые более трёх месяцев заняты на предприятии, имеют право участия в выборах.

Баллотироваться могут все обладающие, в вышеназванном смысле, правом участия в выборах, которые имеют стаж работы на данном предприятии не менее 6 месяцев и надомные работники, которые действуют главным образом для предприятия (§ 8 I BetrVG). При учреждении предприятия или на предприятиях, которые существуют меньше шести месяцев, баллотироваться могут те работники, которые заняты на предприятии на момент введения выборов производственного совета и выполняют остальные условия пассивного избирательного права (§ 8 II BetrVG).

17.1.2 Порядок проведения выборов

Производственный совет избирается в тайных и непосредственных выборах (§ 14 BetrVG). Выборы проходят по принципу пропорционального представительства. Выдвинут только один кандидат, то выборы проходят по принципам мажоритарной системы выборов. Представленные предприятием профсоюзы и имеющие право участия в выборах работники могут выставлять кандидатов на выборах (§ 14 BetrVG).

Проведение выбора особо защищено § 20 BetrVG. Никто не может препятствовать выборам производственного совета, в частности не могут ограничиваться активное и пассивное избирательное право. Издержки выборов несёт работодатель (§ 20 III BetrVG).

Члены избирательной комиссии и баллотирующиеся на выборах производственного совета подлежат особой защите от необоснованного увольнения (§ 15 III KSchG).

17.1.3 Состав производственного совета

Количество членов производственного совета отрегулировано в § 9 BetrVG и зависит от состава работников на предприятии. Согласно § 15 BetrVG производственный совет должен состоять из работников отдельных областей организации / видов деятельности. Мужчины и женщины должны быть представлены соответственно их количественного отношения.

17.1.4 Правовое положение членов производственного совета

Члены производственного совета исполняют свободную почетную безвозмездную должность (§ 37 BetrVG). По этой причине они не могут подвергаться дискриминации или привилегироваться из-за их мандата (§ 78 BetrVG). Если в индивидуальное рабочее время возникает необходимость выполнять работу производственного совета, то для этого необходимо освободить члена производственного совета от работы (§ 37 II BetrVG).

Члены производственного совета пользуются особой защитой от необоснованного увольнения, которая принципиально исключает обычное увольнение работодателя. Чрезвычайное увольнение требует особого согласия производственного совета. Если в согласии отказано, то его может заменить только суд по трудовым конфликтам (§ 103 BetrVG; § 15 I KSchG).

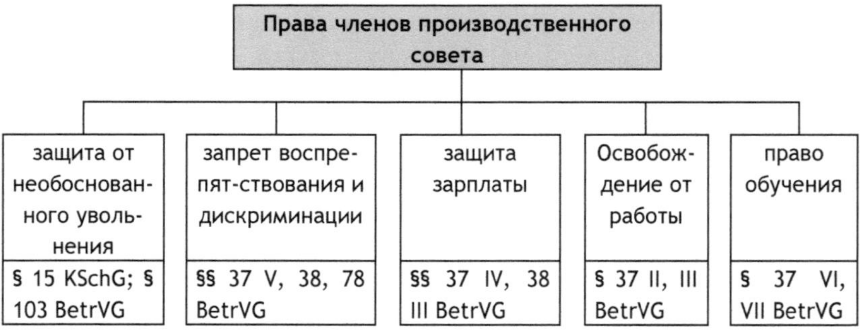

Члены производственного совета нужно освобождать от их профессиональной деятельности без сокращения заработной платы для обучения или мероприятий по повышению квалификации (§ 37 BetrVG):

1. Если речь идёт о приобретении знаний необходимых для работы производственного совета. Определённые знания необходимы для работы производственного совета тогда, когда они, учитывая конкретную ситуацию на предприятии и в производственном совете, необходимы для того, чтобы члены производственного совета могли выполнять свои обязанности (§ 37 VI BetrVG).

2. У каждого члена производственного совета есть, кроме вышеупомянутого права, дополнительное право на оплачиваемое освобождение в целом на три недели для участия в мероприятиях по обучению и повышению квалификации. Эти мероприятия компетентный земельный министр по трудовым вопросам должен признать пригодными. Знания, приобретённые на таких мероприятиях, должны относиться к работе производственного совета и являться полезными и способствующими делу. Для работников, которые впервые стали членами производственного совета, право освобождения возрастает до четырёх недель (§ 37 VII BetrVG).

17.2 Общее собрание предприятия

Общее собрание предприятия – это орган устава предприятия. Однако, оно не имеет представительского полномочия и, следовательно, не может отдавать волеизъявления, действующие в отношении работников. Оно служит обмену мнениями и информации работников. Принципиально на общем собрании предприятия принимают участие все работники предприятия. В виде исключения может состояться частичное собрание тогда, когда из-за особенности предприятия собрание всех работников не может происходить одновременно (§ 42 I пр. 3 BetrVG).

Отличают между обычным и чрезвычайным собранием предприятия. Обычные собрания предприятия – это регулярные, в определённые промежутки времени, производственным советом созываемые собрания предприятия. Чрезвычайными являются те, которые происходят по определённому поводу или по требованию работодателя или одной четверти работников имеющих право участия в выборах (§ 43 III BetrVG).

Принципиально собрания предприятия происходят в рабочее время, причём работодатель должен предоставлять в распоряжение необходимые для этого помещения. При этом рабочее время – это производственное рабочее время. Проведение собрания вне обычного рабочего времени допустимо только тогда, когда из-за особенности предприятия это обязательно необходимо.

17.3 Комитет по экономическим вопросам

§ 106 I BetrVG предусматривает необходимость образования комитета по экономическим вопросам, на всех предприятиях, как правило, с более 100 постоянно занятыми работниками. Комитет по экономическим вопросам состоит из минимум трёх и максимум семи членов (§ 107 I BetrVG). Они должны принадлежать предприятию. Член комитета по экономическим вопросам должен быть также членом производственного совета. Члены комитета по экономическим вопросам определяются производственным советом (§ 107 II BetrVG). Их время пребывания в должности привязано ко времени пребывания в должности производственного совета.

Комитет по экономическим вопросам должен собираться один раз в месяц. Его задача, консультировать экономические дела с предприятием и уведомлять о них производственный совет. Кроме того, в BetrVG упомянуты другие важные задачи комитета по экономическим вопросам (§ 106 III BetrVG). Данный перечень не является заключительным. Это означает, что комитет по экономическим вопросам может выдвигать и другие экономические вопросы, которые не упомянуты прямо в законе, для консультации и информации.

17.4 Представительство молодёжи и обучаемых

Дополнительное представительство, вытекающее из законодательства об уставе предприятия – это представительство молодёжи и обучаемых (§ 72 и след. BetrVG). Молодым работникам и обучаемым, которые старше 18 лет, обеспеченно общее представительство, которое, помимо производственного совета, выступает в защиту их особых интересов.

17.5 Индивидуальное право в уставе предприятия

BetrVG не применяется по большей части на предприятиях, где нет производственного совета. Права участия и обжалования (§§ 81 и след. BetrVG) причитаются, напротив, индивидуально отдельному работнику. Они не зависят от существования производственного совета и распространяются также на маленькие предприятия.

Права участия отдельного работника	
Информационное право:	Работодатель должен уведомлять, каждого работника относительно его классификации на предприятии, его заданиях и его ответственности, а также о виде его деятельности, об охране труда и об изменениях в области труда (§ 81 BetrVG).
Право слушания:	Каждый отдельный работник имеет возможность, в вопросах, которые касаются его лично или его рабочего места быть выслушанным, выразить своё мнение и проявить инициативу. Таким образом, работник может, например, делать предложения по организации его рабочего места и производственного процесса (§ 82 I BetrVG).
Право обсуждения:	Каждый работник может требовать, чтобы ему объяснили расчёт и состав его заработной платы и обсудили с ним оценку его выполнений и возможности его профессионального роста (§ 82 II BetrVG).
Право ознакомления:	Каждый работник может требовать ознакомления с заведённым на него личным делом (§ 83 BetrVG).
Право обжалования:	По делам, имеющим к нему отношение, работник может подавать жалобу начальнику. Работодатель должен уведомлять работника о рассмотрении жалобы и в случае правомочности удовлетворить жалобу (§ 84 BetrVG).
Право вносить предложение:	Каждый работник обладает правом, предлагать производственному совету темы для рассмотрения (§ 86a BetrVG).

На руководящих служащих, хотя они и являются работниками, Закон об уставе предприятия принципиально не распространяется. Признаки «руководящих служащих», согласно § 5 III BetrVG – это, если согласно занимаемой должности и трудовому договору

- была выдана генеральная доверенность или прокура,
- имеется правомочие к самостоятельному приёму на работу и увольнению,
- выполняются задачи с особым значением для предприятия,
- имеется особый опыт и знания,
- предоставлена значительная свобода действия в принятии решений.

17.6 Соучастие и содействие производственного совета

Основная часть Закона об уставе предприятия (BetrVG) регулирует право на соучастие и содействие производственного совета. Права участия имеют при этом различный масштаб. Содействие – это более слабо выраженное право участия, нежели право соучастия и простирается от простого информирования и слушания вплоть до консультации. Важно при этом, что работодатель, в конечном счёте, остаётся свободным в принятии решений.

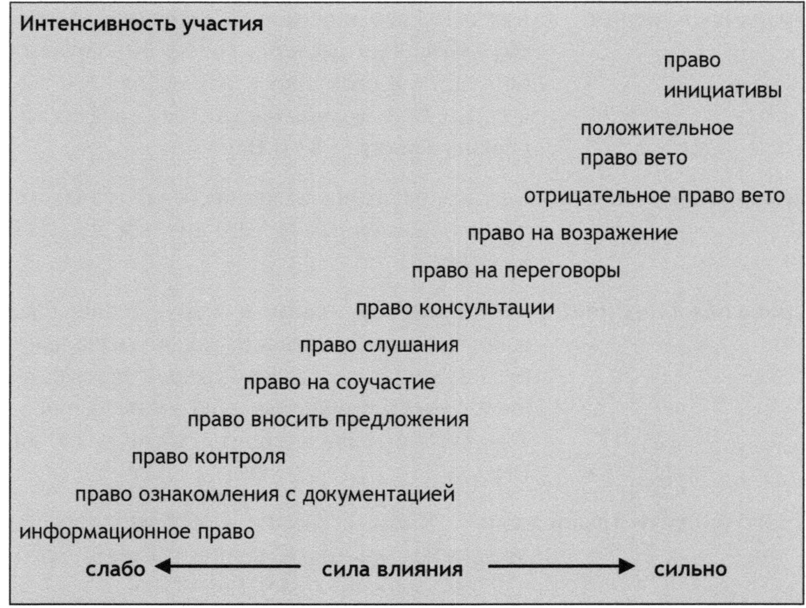

Работодатели и производственный совет равноправны, что касается права соучастия. Это значит, с одной стороны, что работодатель не может принимать меры подлежащие праву соучастия без согласия производственного совета или обязывающей замены согласия, т.е. решения примирительной инстанции. С другой стороны это значит, что производственный совет может требовать принятие соответствующих мер и при случае осуществлять это против воли работодателя посредством решения примирительной инстанции (§ 87 II BetrVG).

Общие задачи производственного совета

Общие задачи производственного совета нормированы в § 80 BetrVG. При этом речь идёт

1. о надзоре за соблюдением правовых норм и принципов, относящихся к области трудового права, которые действуют в пользу работников;
2. о ходатайствовании принятия мер, которые служат на пользу предприятия и коллектива;
3. об осуществлении равноправия женщин и мужчин;
4. о приёме инициатив работников и представительства молодёжи;
5. о сотрудничестве с представительством молодёжи и обучаемых;
6. о содействии занятости пожилых сотрудников;
7. об интеграции иностранных работников;
8. о содействии и обеспечении занятости на производстве;
9. о содействии мероприятиям по охране труда и производственной охране окружающей среды.

17.6.1 Социальные вопросы

Подлежащие общему приоритету тарифного соглашения, право соучастия в социальных вопросах, заключительно отрегулировано в § 87 BetrVG.

Под социальными вопросами закон понимает все вопросы, связанные с оформлением условий труда. Кроме того, закон причисляет к ним охрану труда (особая техника безопасности и охрана здоровья) и организацию учреждений социального обеспечения.

Участие в социальных вопросах (§ 87 BetrVG):

1. порядок предприятия и поведение работников на предприятии;
2. начало и конец ежедневного рабочего времени, включая перерывы, а также распределение рабочего времени на отдельные дни недели;
3. временное сокращение или продление обычного рабочего времени на производстве;
4. время, место и вид выплаты заработных плат;

5. установление общих принципов регулирования отпусков, отпускного плана, а также установление отрезка времени, на который выпадает отпуск отдельного работника, если работодатель и работник не достигли согласия;
6. внедрение и применение технических устройств, которые предназначены для того, чтобы наблюдать за поведением или за выполнением работников;
7. положение о предупреждении несчастных случаев на производстве и профессиональных заболеваниях, а также об охране здоровья в рамках законных предписаний или правил техники безопасности;
8. форма, организация и управление учреждений социального обеспечения, чья сфера действия ограничена производством, предприятием или концерном;
9. предоставление и увольнение жилых помещений, которые сдаются внаём работникам принимая во внимание существование трудового отношения, а также общее установление условий пользования;
10. вопросы производственной системы оплаты труда, в частности установление принципов оплаты, а также внедрение и применение новых методов оплаты и их изменениях;
11. установление аккордных и премиальных ставок и подобных зависящих от выработки вознаграждений, включая денежные факторы;
12. принципы производственной системы рационализаторских предложений;
13. принципы проведения коллективной работы.

Из обилия прав соучастия в социальной области можно назвать в качестве образца следующие производственные регулирования:

- внедрение скользящего рабочего графика
- предоставление надбавок за работу в трудных условиях
- регулирование контроля телефонов
- производственные каникулы
- переход от повременной заработной платы к аккордной заработной плате
- форма производственного обеспечения по старости
- использование контрольных часов
- сдача в аренду столовой
- запрещение курения
- время выплаты комиссионных
- порядок автомобильных стоянок
- организация системы рационализаторских предложений
- регулирование производственных детских садов
- безналичная выдача зарплаты
- несение расходов на защитную одежду

17.6.2 Организация рабочего места и производственного процесса

Работодатель обязан уведомлять производственный совет о планировании новых построек, перестраивании или расширении уже имеющихся фабричных, административных и прочих производственных помещений, технического оборудования, технологий труда и производственных процессов (§ 90 BetrVG). Под переоборудованием построек следует понимать проекты, которые своим масштабом способны конкретно повлиять на производственный процесс и место работы.

При этих мероприятиях уведомление и консультация производственного совета работодателем должны проводиться настолько своевременно, чтобы встречные предложения производственного совета при определённых обстоятельствах могли учитываться. В частности, производственный совет должен иметь возможность вносить в намерения работодателя своё мнение о достоверных достижениях производственной медицины или физиологии труда.

Примирительная инстанция предоставляет производственному совету вынуждаемое оформительное право участия, если намерения работодателя нарушают достоверные достижения науки о труде (§ 91 BetrVG).

17.6.3 Кадровые вопросы

Планирование штатов

Производственный совет обладает правом на информацию от работодателя о планировании штатов, в частности о планировании потребности в рабочей силе (§ 92 I BetrVG). Информирование должно быть своевременным и исчерпывающим. Сверх того, работодатель обязан, консультировать с производственным советом планирование штатов, т.е. вид и объём необходимых мер для реализации планирования штатов. В особенности здесь нужно обсуждать предотвращение жёсткости предпринимаемых мер.

Внедрение, а также отдельные методы планирования штатов попадают исключительно в сферу компетенции работодателя. Разумеется, у производственного совета есть инициативное право к внедрению такого рода планирования, если оно до сих пор не было учреждено на предприятии работодателем (§ 92 II BetrVG).

Внутрипроизводственное объявление конкурса на замещение должности

Производственный совет обладает правом требовать объявления конкурса на замещение должностей на производстве, если таковые свободны или освобождаются и их новое замещение запланировано (§ 93 BetrVG). Внутрипроизводственное объявление работодателя, тем не менее, не мешает ему предлагать должности подлежащие замещению одновременно и вне производства. Обязанности замещения соответствующего места внутрипроизводственными претендентами не существует.

При несоответствии объявления на замещение должности с требованиями производственного совета, он может отказывать в согласии на данную персональную меру (§ 99 II Nr. 5 BetrVG).

Персональная анкета и принципы служебной характеристики

Вопрос внедрения персональной анкеты и принципов служебной характеристики лежит в области компетенции свободного принятия решения работодателя. Куда также относятся изменения содержания уже имеющихся опросных листов или принципов служебной характеристики. Однако если подобное внедрение или изменение запланировано, то эти процессы подлежат праву голоса производственного совета (§ 94 I BetrVG). В случае если об определённом содержании не достигнуто соглашения, то решает примирительная инстанция, вердикт которой заменяет согласие между работодателем и производственным советом.

Директивы выбора

Согласно § 95 BetrVG производственный совет обладает правом соучастия при установлении директив выбора персонала при зачислении на работу, перераспределениях, переводах на новую должность и увольнениях. На предприятиях с больше чем 500 работников производственный совет имеет право инициативы для установления директив (§ 95 II BetrVG). Директива выбора принципиально может содержать только общие критерии, она не может устанавливать отдельные детальные положения.

Согласно § 99 II цифра 2 BetrVG производственный совет может отказывать в согласии на отдельные персональные меры, которые по мнению производственного совета, нарушают такую директиву (право вето).

17.7 Профессиональное обучение

Производственный совет должен участвовать и в профессиональном производственном обучении. Сюда относятся консультация о мерах повышения квалификации, прежде всего, для пожилых работников и о сооружении и оборудовании производственных учреждений профессионального обучения (§§ 96, 97 BetrVG). Также проведение производственных мер повышения квалификации подлежит праву соучастия производственного совета. Он может противоречить назначению или требовать увольнения определённых людей, например, из-за их недостаточной личной или специальной пригодности. В спорном случае решает суд по трудовым конфликтам. Расхождения во мнениях относительно круга участников в производственных обучающих мероприятиях регулируются примирительной инстанцией (§ 98 BetrVG). То же самое распространяется на мероприятия, которые приводят к тому, что деятельность затронутых работников меняется и их профессиональные знания и способности больше не достаточны для исполнения их задач (§ 97 II BetrVG).

17.8 Индивидуальные кадровые меры

Под индивидуальными кадровыми мерами подразумеваются согласно Закону об уставе предприятия зачисление на работу, отнесение к определённой группе, перераспределения и переводы на новую должность (§ 99 BetrVG). Право соучастия производственного совета в подобных мероприятиях существует на предприятиях, занимающих, как правило, более 20 работников, обладающих правом участия в выборах. При мероприятиях, подобного рода, работодатель должен, помимо выполнения основного информационного долга, предоставлять производственному совету необходимую документацию. Эти документы должны быть настолько полны и подробны, чтобы производственный совет мог принять собственное решение.

Производственный совет может отказывать в согласии на мероприятия, запланированные работодателем, в течение одной недели после поступления документов. При этом причины должны быть указаны в письменном виде. Отказ должен содержать факты, с помощью которых работодатель может оценить шансы трудово-правового процесса согласно § 99 IV BetrVG.

Временно, работодатель всё же может проводить запланированные мероприятия, если это по объективным причинам обязательно необходимо (§ 100 BetrVG). В подобных случаях работодатель должен по возможности скорей уведомлять производственный совет. (§ 100 II BetrVG). О предварительности мероприятия работника нужно осведомлять; в противном случае работодатель подвергается возможным правопритязаниям на возмещение ущерба. Если срочность соответствующих кадровых мероприятий оспаривается производственным советом, то работодатель должен в течение трёх дней после получения сведений о мнении производственного совета, подать заявление в суд по трудовым конфликтам о замене согласия производственного совета (§ 100 II BetrVG).

17.9 Увольнения

Производственный совет должен заслушиваться перед каждым обычным или чрезвычайным увольнением (§ 102 I BetrVG). Закон содержит по этому поводу прямое определение, что увольнение без слушания производственного совета недействительно. С другой стороны, увольнение может быть действительно после слушания, даже тогда, когда производственный совет противоречит по одному из оснований, названных в § 102 III BetrVG, т.е. если

- работодатель при выборе увольняемого работника недостаточно учёл социальные критерии;
- увольнение нарушает директиву § 95 BetrVG;
- увольняемый работник мог бы продолжать работать на другом рабочем месте в том же предприятии;
- возможно продолжение работы работником после приемлемых мер переквалификации и повышения квалификации или возможно продолжение работы с изменёнными условиями договора с согласия работника.

Если производственный совет противоречит, то работодатель, вместе с увольнением, обязан предоставить работнику копию заключения производственного совета (§ 102 IV BetrVG). Сверх того, работник, при предъявлении иска по защите от необоснованного увольнения, может требовать от работодателя продолжения работы на прежних условиях труда, до момента вступления в законную силу окончания процесса по трудовым спорам (§ 102 V BetrVG).

Однако суд по трудовым спорам может посредством временного распоряжения по ходатайству работодателя освободить его от обязанности продолжения работы, если

- иск работника не имеет достаточно шансов на успех или является преднамеренным;

- продолжение работы работником привело бы к неприемлемому экономическому обременению работодателя;
- возражение производственного совета очевидно необоснованно.

17.10 Экономические вопросы

Право голоса или участия в экономических вопросах осуществляется как через комитет по экономическим вопросам, так и через производственный совет.

Предусмотренный Законом об уставе предприятия (BetrVG) комитет по экономическим вопросам представляет, на предприятиях занимающих, как правило, 100 работников, учреждение содействующее доверительному сотрудничеству и обеспечивающее взаимный информационный обмен по экономическим вопросам. Закон об уставе предприятия конкретизирует в §§ 106 и след. BetrVG общую постановку задач. К ним относятся, например, внедрение новых методов работы, производственная программа и экономическая ситуация предприятия, информирование и консультация финансового положение предприятия, программы инвестиций и рационализаторских намерений.

Дела, разбираемые комитетом по экономическим вопросам, касаются от части актуального состояния предприятия, от части планов его будущего развития, например, производственной программы. Комитет по экономическим вопросам не отвечает за общие решения, которые должны в скором осуществляться. Если планы руководства предприятия вступают в острую фазу, то предприниматель должен договариваться с производственным советом, а не с комитетом по экономическим вопросам.

Производственный совет обладает правом участия в экономических вопросах, на предприятиях занимающих, как правило, более 20 работников с правом участия в выборах, если предпринимательские меры влекут за собой ограничение, консервацию, перенесение или слияние предприятий (= производственное изменение) и это может иметь существенные негативные последствия для коллектива или его значительной части (§§ 111–113 BetrVG). Под существенными негативными последствиями подразумеваются – наряду с потерей рабочего места – значительные затруднения, такие как необходимость перенесения места жительства при переносе производства, сильном увеличении пути проезда на работу и необходимость двойного ведения домашнего хозяйства продолжительный период времени.

§ 112 BetrVG различает между

- балансированием интересов относительно запланированного производственного изменения и
- социальным планом по компенсации или уменьшению негативных экономических последствий для работников в результате запланированного изменения производства.

Балансирование интересов

Балансирование интересов охватывает в частности необходимость проведения запланированного изменения производства, а также запланированный предпринимателем объем, род и способ изменения. В этой, касающейся экономического решения предпринимателя области, производственному совету предоставляется возможность оказывать влияние на решения предпринимателя относительно планирования. При этом производственный совет может, основываясь на информацию в соответствии с § 111 BetrVG, высказывать своё мнение и по чисто экономическим вопросам, а также делать предметом достижения согласия, как необходимость изменения производства в целом, так и объём, род и способ его проведения.

Социальный план

В то время как балансирование интересов первоначально распространяется на проведение самих экономических мероприятий, служит социальный план, исключительно, компенсации или смягчению негативных последствий для коллектива в результате изменения производства. Он предполагает изменение производства в определённом объёме, определённого рода и определённым способом, причём заключение компромисса относительно интересов не является условием социального плана.

Социальный план имеет действие коллективного договора (§ 112 I пр. 3 BetrVG), т.е. наряду с обязательными соглашениями между работодателем и производственным советом в нём могут быть оговорены права и притязания отдельных работников, вследствие чего поощрённые работники приобретают непосредственно собственные права из социального плана.

Помимо этого социальный план вынуждаем, когда запланированные изменения производства состоят исключительно в сокращении штатов (§ 112a BetrVG). При этом имеют значение следующие величины:

Размер предприятия	Запланированное сокращение штатов
>20 и меньше чем 60 работников	20 %, но минимум 6 работников
60 до 250 работников	20 % или минимум 37 работников
250 до 500 работников	15 % или минимум 60 работников
500 работников и больше	10 % но минимум 60 работников

Компенсация недостатков

Проводит предприниматель изменения производства, не предприняв попытки балансирования интересов с производственным советом, то он по закону обязан компенсировать ущерб работникам, которые вследствие этого мероприятия теряют рабочее место или терпят другие экономические убытки (§ 113 III BetrVG).

17.11 Примирительная инстанция

Примирительная инстанция – это институт устава предприятия в тех случаях, в которых осуществление права участия производственного совета не приводит к согласию между советом и работодателем (§ 76 BetrVG). Примирительная инстанция занимается урегулированием споров, а не решением юридических вопросов.

Нужно отличать формирование и действие примирительной инстанции

- по вопросам вынуждаемого права участия (§ 87 I BetrVG),
- по всем прочим вопросам.

При вынуждаемом праве соучастия примирительная инстанция действует по заявлению одной из сторон, т.е. производственного совета или работодателя. Её решение обязательно для обеих сторон, без необходимости дальнейших форм договорённости (§ 87 II BetrVG).

Если не существует постоянной примирительной инстанции, то её необходимо сначала создать. Сначала назначается беспристрастный председатель, целесообразным образом человек подкованный в делах относящихся к трудовому праву (например: судья в суде по трудовым конфликтам, деятель науки в сфере трудового права). Не договариваются обе стороны об одном человеке, то председателя назначает суд по трудовым конфликтам(§ 76 II BetrVG). После назначения председателя, производственный совет и работодатель называют своих заседателей (1-3 с каждой стороны). В выборе заседателей обе стороны свободны. Заседатели не должны обязательно относиться к предприятию и одна сторона не может отклонить заседателей другой стороны.

Примирительная инстанция обладает определённой свободой действия, которая, тем не менее, ограничена действующими законами и коллективными соглашениями с одной стороны, положением предприятия и интересами работников с другой стороны. Расходы примирительной инстанции несёт работодатель (§ 76a BetrVG).

Примирительная инстанция может быть задействована и по другим вопросам регулирования. В случае если обе стороны не подчиняются заранее решению примирительной инстанции, её решение имеет характер простого предложения обеим сторонам.

Процесс перед примирительной инстанцией

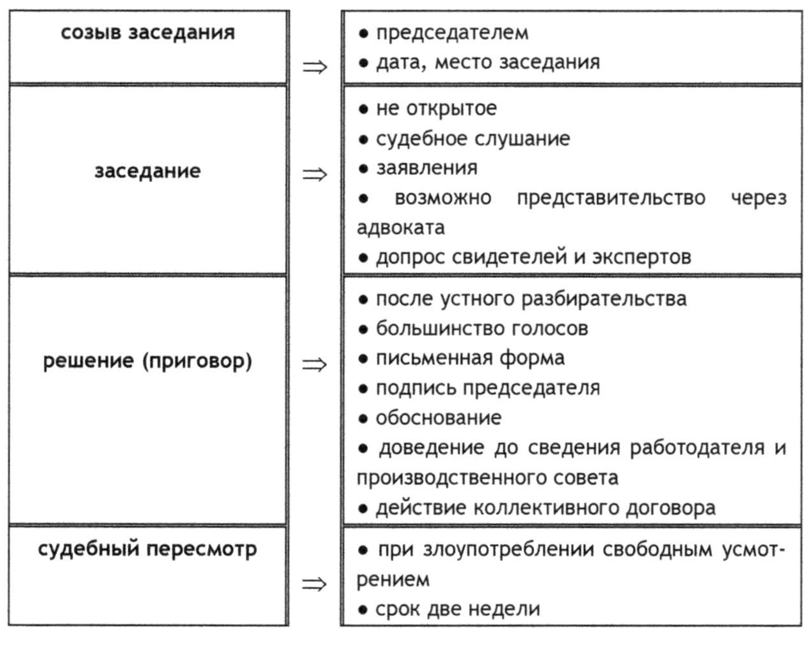

созыв заседания	⇒	• председателем • дата, место заседания
заседание	⇒	• не открытое • судебное слушание • заявления • возможно представительство через адвоката • допрос свидетелей и экспертов
решение (приговор)	⇒	• после устного разбирательства • большинство голосов • письменная форма • подпись председателя • обоснование • доведение до сведения работодателя и производственного совета • действие коллективного договора
судебный пересмотр	⇒	• при злоупотреблении свободным усмотрением • срок две недели

Область действия производственного совета

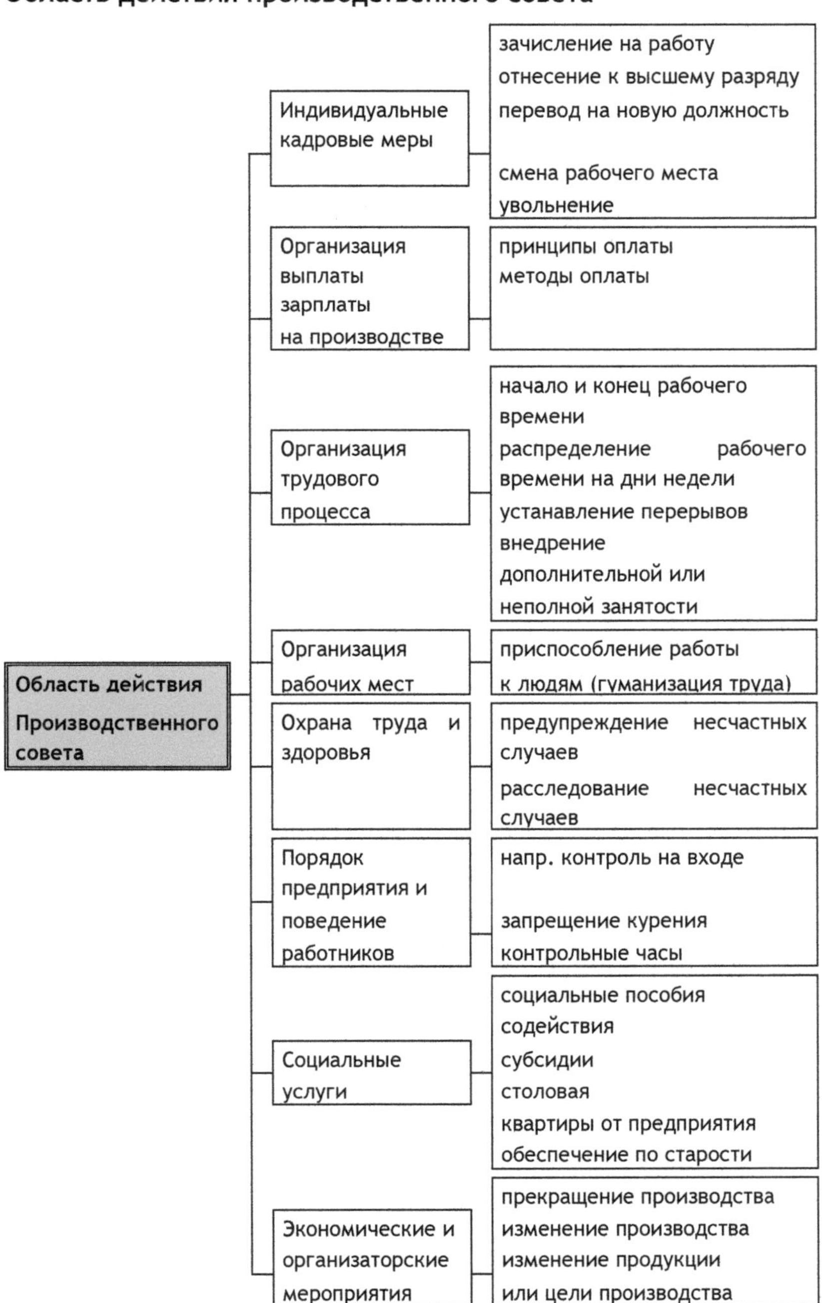

18 Европейский производственный совет

Законом о Европейских производственных советах (EBRG) должно осуществляться трансграничное информирование и слушание работников на предприятиях и группах предприятий оперирующих по всему Европейскому сообществу (ЕС). Целью является наибольшая гибкость, посредством решения разбирательств между непосредственно заинтересованными лицами.

Закон применим к предприятиям и группам предприятий оперирующих по всему Европейскому сообществу с юридическим адресом в Германии, которые имеют в государствах-членов ЕС, а также других государствах-участников договора о Европейской экономической зоне (ЕЭЗ) минимум 1.000 работников в целом и из них минимум 150 работников в двух государствах-членов ЕС (§§ 1–3 EBRG). Закон о Европейских производственных советах распространяется, при наличии условий названых в § 2 II EBRG, и на интернациональные предприятия или группы предприятий, с юридическим адресом на территории третьих стран.

18.1 Соглашение об информировании и слушании

Закон предписывает преимущество договорного решения с многочисленными возможностями оформления:

- Учреждение одного или нескольких – также связанных с отраслями – Европейских производственных советов (Европейские производственные советы, включая организацию комитетов)

или

- внедрение других процессов информирования и слушания (например: децентрализованные процессы через местные руководства производства или руководства предприятия или региональные процессы).

Для договорного решения нужно создавать на стороне работника специальный орган переговоров, задача которого состоит в том, чтобы заключать с центральным руководством предприятия или группы предприятий соглашение о трансграничном информировании и слушании работников (§ 8 EBRG). Величина и состав органа определяются по принципам репрезентативности (гарантия места для представителя каждого государства-участника с предприятием) и пропорциональности (дополнительные представители государств-участников с большей численностью занятых). Условие учреждения специального органа переговоров состоит в том, что либо центральное руководство инициирует учреждение, либо 100 работников или их представителей из двух различных государств-участников подают соответствующее ходатайство (§ 9 I II EBRG).

18.2 Европейский производственный совет в силу закона

Европейский производственный совет образуется в силу закона (§ 21 EBRG), если центральное руководство концерна в течение 6 месяцев не ведёт переговоры, никакое договорное решение в течение 3 лет не принимается или обе стороны преждевременно объявляют провал переговоров. Определение величины (самое большее 30 членов) и состава Европейского производственного совета происходит с учётом принципов репрезентативности и пропорциональности.

Компетентность Европейского производственного совета ограничивается экономическими вопросами, которые касаются, как минимум, двух производств или предприятий в различных государствах-участниках, или имеют трансграничное действие.

Информирование и слушание Европейского производственного совета происходит один раз в каждом календарном году и касается развития дел и перспектив предприятия (групп предприятий) действующего по всему ЕС, в частности, экономического и финансового положения, уровня занятости, инвестиций, переноса продукции и массовых увольнений. Сверх того Европейский производственный совет при исключительных обстоятельствах (перенос продукции, консервация производств и предприятий, массовые увольнения) должен быть безотлагательно уведомлён и по требованию своевременно заслушан (§ 33 EBRG).

Европейский производственный совет должен выбирать председателя и заместителя (§§ 25 и след. EBRG), который его представляет. Председатель ведёт, как правило, текущие дела. При Европейском производственном совете, с больше чем 9 членами, нужно создавать комитет, который отвечает за ведение текущих дел (§ 26 EBRG).

18.3 Прочие определения

Закон содержит прочие регулирования, в частности:

- Особые предписания для тенденциозных предприятий;
- Закрепление принципов сотрудничества основанного на доверии;
- Хранение производственных и коммерческих тайн;
- Компенсация при увольнении и охрана деятельности представителей работников.

19 Закон о комитете представителей

Руководящие работники могут согласно Закону о комитете представителей руководящих работников (SprAuG) выбирать комитет представителей. Необходимо, чтобы на предприятии регулярно было задействовано как минимум 10 руководящих работников. Если предприятие имеет меньше 10 руководящих работников, то эти служащие считаются для применения закона о комитете представителей как руководящие работники следующего (ближайшего) по местности производства того же предприятия, которое выполняет условия минимальной численности занятых (§ 1 II SprAuG). Для образования комитета представителей необходимо постановление основного положения большинством руководящих работников (§ 7 II SprAuG).

У комитета представителей есть следующие полномочия:

- Представительство интересов всех руководящих работников производства или предприятия (§ 25 I SprAuG);
- Соглашение директив о содержании, заключении или окончании трудовых отношений руководящих работников (добровольное право участия), (§ 28 SprAuG);
- Право уведомления при изменении формы заработной платы или прочих общих условий труда, а также о внедрении или изменении общих принципов служебной характеристики (§ 30 SprAuG);
- Право на получение информации о намерении принятия на работу или персональное изменение руководящего работника (§ 31 I SprAuG);
- Право слушания перед каждым увольнением руководящего работника (недействительность увольнения при ошибочном слушании) согласно § 31 II SprAuG;
- Право на получение информации по экономическим вопросам производства и предприятия (§ 32 I SprAuG);
- Право на получение информации относительно запланированных производственных изменений согласно § 111 BetrVG, а также право консультации о мероприятиях компенсации и смягчении негативных последствий.

Членов комитета представителей нужно для их деятельности освобождать от их профессиональной деятельности без уменьшения заработной платы (§ 14 SprAuG). Работодатель несёт необходимые расходы деятельности комитета представителей (§ 14 SprAuG). Согласно § 15 SprAuG комитет представителей должен один раз в календарном

году проводить собрание руководящих работников. Собрание должно проводиться в рабочее время (§ 15 SprAuG).

Права комитета представителей:

Право инициативы	нет
Право отказывать в согласии	нет
Право на возражение	нет
Право консультации	Работодатель и комитет представителей обсуждают в диалоге: • Изменение формы заработной платы (§ 30 SprAuG); • Изменение прочих условий труда (§ 30 SprAuG); • Внедрение или изменение общих принципов служебной характеристики (§ 30 SprAuG); • Мероприятия компенсации или смягчения негативных экономических последствий при запланированном изменении производства (§ 32 II SprAuG)
Право слушания	Работодатель сообщает комитету представителей свои намерения и предлагает ему высказать своё мнение, в установленный срок, • о заключении соглашения с производственным советом, которое затрагивает правовые интересы руководящих работников (§ 2 I SprAuG); • о каждом увольнении руководящих работников (§ 31 II SprAuG).
Право на информацию	Работодатель делится с комитетом представителей своими планами относительно: • изменения формы заработной платы и общих условий труда (§ 30 SprAuG); • внедрения или изменения общих принципов служебной характеристики (§ 30 SprAuG); • зачисления на работу руководящего работника (§ 31 SprAuG); • персональных изменений руководящего работника (§ 31 I SprAuG); • производственного изменения согласно § 111 BetrVG, если возможны существенные недостатки для руководящих работников (§ 32 II SprAuG); • уведомления комитета представителей, по меньшей мере, один раз в календарном полугодии об экономических делах производства и предприятия (§ 32 I SprAuG).

20 Представительство инвалидов

Профессиональной интеграцией и особой защитой инвалидов занимаются на предприятии или в управлении три органа (функциональных носителя):

1. производственный совет или совет представителей персонала или соответствующее представительство работников, а также ступенчатое представительство (§ 93 SGB IX),
2. представительство инвалидов (доверительное лицо) на различных организационных ступенях (§§ 94 и след. SGB IX) и
3. уполномоченный работодателя по делам инвалидов (§ 98 SGB IX).

20.1 Представительство инвалидов

На предприятиях и в учреждениях, где не только временно работают, минимум 5 инвалидов, выбирается доверительное лицо и как минимум один заместитель (§ 94 SGB IX). Они должны соблюдать интересы инвалидов занятых на предприятии или в учреждении.

Право участия в выборах
Все на предприятии или в учреждении во время выборов занятые инвалиды и к ним приравниваемые. Не зависимо от возраста, срока и вида занятости. Следовательно, также руководящие работники согласно § 5 III BetrVG обладают правом участия в выборах.

Пассивное избирательное право
Пассивным избирательным правом обладают длительно занятые, которые в день выборов достигли 18 лет и имеют минимум 6 месяцев стажа на данном предприятии. Пассивным избирательным правом не обладают, те, кто в силу закона не может выбираться в производственный совет или совет представителей персонала.

Общее представительство инвалидов нужно выбирать из отдельных представительств инвалидов, если на предприятии существует общий производственный совет или для нескольких учреждений существует общий совет представителей персонала (§ 97 SGB IX). Если представительство инвалидов выбрано только в одном из нескольких производств одного предприятия, то оно вступает на всех производствах в права и обязанности общего представительства инвалидов.

Задачи представительства инвалидов и ему по отношению к работодателю и производственному совету / совету представителей персонала причитающиеся права описаны в § 95 SGB IX:

- Представительство инвалидов должно способствовать интеграции инвалидов на производстве или в учреждение.
- Оно должно представлять групповые и индивидуальные интересы занятых на производстве / в учреждении инвалидов.
- Оно должно помогать инвалидам и консультировать их, во всех вопросах связанных с профессиональной интеграцией, в частности, с занятостью.
- Оно должно следить за тем, чтобы работодатель выполнял свои обязанности согласно §§ 71, 72 и 81 bis 84 SGB IX.

Представительство инвалидов должно заботиться, в частности, о соблюдении норм действующих в пользу инвалидов, ходатайствовать в компетентных учреждениях о мероприятиях, которые служат на пользу инвалидам, а также рассматривать жалобы и предложения (§ 95 I SGB IX).

По всем вопросам, которые касаются одного или группы инвалидов, нужно своевременно и обширно уведомлять и предварительно заслушивать представительство инвалидов (§ 95 II SGB IX). Это касается зачисления на работу, перевода на новую должность или увольнения, а также всех прочих решений, которые относятся к инвалидам как таковым или касаются их больше чем других работников.

Представительство инвалидов нужно привлекать также к заседаниям комитета по экономическим вопросам и всем, так называемым ежемесячным совещаниям работодателя и действующих представительств работников в соответствии с § 74 I BetrVG, § 66 I BPersVG и с прочими соответствующими предписаниям права представительства персонала. Наконец, представительство инвалидов может привлекаться, наряду или вместо члена представительства персонала, к ознакомлению с заведённым на него личным делом (§ 95 III SGB IX).

Доверительное лицо обладает правом принимать совещательно участие на всех заседаниях представительства работников и его комитета (§ 32 BetrVG, § 95 IV SGB IX). Оно может подавать заявление, о вынесении на повестку дня вопросов, которые касаются отдельных или групп инвалидов. Оно может ходатайствовать об отсрочке постановления на одну неделю, если расценивает его как значительное нарушение важных интересов инвалидов или, если работодатель не предоставил ему возможности принять участие (§ 35 BetrVG, § 95 IV SGB IX).

Представительство инвалидов может, по меньшей мере, один раз в год проводить на производстве или в учреждении собрание инвалидов (§ 95 V SGB IX). Соответствующее применение находят при этом предписания, действующие для производственных собраний (§§ 42 и след. BetrVG) и собраний персонала (§§ 48 и след. BPersVG).

Регулирование личных прав и обязанностей доверенного лица инвалидов похоже на правовое положение членов производственного или персонального совета (§ 96 SGB IX).

20.2 Уполномоченный работодателя по вопросам инвалидов

Работодатель обязан согласно § 98 SGB IX назначать одного или нескольких уполномоченных по вопросам инвалидов, если существует обязанность предоставления работы инвалидам или они работают. Уполномоченный должен обладать необходимыми специальными знаниями. Он подчинён работодателю и представляет его в вопросах инвалидов. О нём нужно сообщать интеграционному ведомству и ведомству по труду (§ 80 VIII SGB IX).

21 Право представительства персонала

Закон об уставе предприятия не находит применения на государственную службу (§ 130 BetrVG). Право голоса этих работников отрегулировано Федеральным законом о представительстве персонала (BPersVG) и соответствующими земельными законами о представительстве персонала. Они приводят форму устава предприятия в соответствие с особенными проявлениями и потребностями государственной службы.

Федеральный закон о представительстве персонала (BPersVG) действует в федеральном управлении и управлениях непосредственно федеральных объединений, учреждений и публично-правовых фондов, а также в федеральных судах (§ 1 BPersVG). Для служащих земель и коммун содержит BPersVG общие предписания, как и непосредственные предписания относительно защиты членов совета представителей персонала; в остальном действуют земельные законы представительства персонала (§§ 94 и след. BPersVG). У судей есть собственные представительные органы (судейский совет, президиум §§ 49 и след. Немецкого закона о судьях, DRiG).

Совет представителей персонала представляет три группы: чиновники, работники и служащие государственной службы. Все три группы выбирают отдельно и должны быть представлены персональным советом (§ 19 BPersVG). Носителем права участия при государственной службе являются персональные советы. Они образуются во всех учреждениях, в которых, как правило, занято минимум 5 работников обладающих правом участия в выборах трое из которых обладают пассивным избирательным правом. Их время пребывания в должности составляет 4 года. Представительство персонала в области государственной службы имеет функцию похожую на функцию производственного совет в частном хозяйстве.

Сопоставление понятий BetrVG / PersVG	
производство	учреждение
предприятие	руководитель учреждения
производственный совет	совет представителей персонала
общее собрание предприятия	собрание коллектива

21.1 Организация

Сравнимо с BetrVG делятся законы о представительстве персонала на организационную часть (§§ 12 и след. BPersVG) и часть, которая регулирует полномочия участия органов, относящихся к области права представительства персонала, в частности, совет представителей персонала (§§ 66 и след. BPersVG). Судебные дела решают административные суды (§ 83 BPersVG).

Представительство персонала характеризуется своей организационной структурой и структурой принятия решений, ориентированных на ведомственном устройстве, причём вышестоящий орган власти может давать распоряжения нижестоящему органу.

Окружной и основной совет представителей персонала называются представительства ступеней (примечание переводчика: под представительством ступеней подразумевается иерархическая структура советов персонала) (§§ 53 и след. BPersVG). В области деятельности многоступенчатых администраций образовываются, при органах власти средней ступени, окружные советы представителей персонала. При самых верхних служебных инстанциях образовываются основные советы представителей персонала. Какое представительство персонала уполномочено, руководствуется компетенцией учреждения в принятии решений в пределах ведомственного устройства (§ 82

BPersVG). Существует также общий совет представителей персонала, который состоит из советов представителей персонала и частей учреждений, обладающих собственным советом персонала (§ 55 BPersVG).

Регулирования для соответствующего учреждения заключаются служебным соглашением. Оно соответствует в основном коллективному договору. Однако, служебное соглашение допустимо только, если это особо предусматривается законом (§ 73 BPersVG).

В отличие от устава предприятия, конфликты между советом персонала и учреждением решаются, при отсутствии согласия, посредством подключения соответственного вышестоящего учреждения и представительства ступеней. Только если на уровне самой верхней служебной инстанции не достигнуто согласия, можно обратиться в примирительную инстанцию. По ряду вопросов права участия она, тем не менее, не может принимать обязывающего решения, по причине особенностей государственной службы, а может лишь формулировать предложение решения в самую верхнюю служебную инстанцию. В первую очередь, это касается персональных вопросов государственных служащих.

21.2 Права участия

Информационное право, право слушания и право консультации оформлены так же как в BetrVG. Более важные формы участия в представительстве персонала:

право содействия = консультация без права участия в принятии решения

право соучастия = участие в принятии решения с примирительной инстанцией; при этом или обязывающее решение, или только рекомендация.

Права участия делятся на три вида:

Права участия

равноправное право соучастия	ограниченное право соучастия	право соучастия относительно государственных служащих
После прохождения различных ступеней ведомственного устройства решает примирительная инстанция (§ 69 IV, 71 BPersVG)	Совет представителей персонала может отказать в согласии только по определённым, указанным в законе причинам (§§ 77 II, 79 I BPersVG)	Совет представителей персонала может отказать в согласии; примирительная инстанция даёт только рекомендацию, но в итоге, решает работодатель (§ 69 IV BPersVG)
Область применения: персональные вопросы работников и социальные вопросы, § 75 BpersVG	Область применения: увольнение рабочих и служащих, § 70 BPersVG; отдельные персональные меры § 77 BPersVG	Область применения: персональные вопросы государственных служащих

22 Предпринимательское соучастие в принятии решений

Предпринимательское соучастие в принятии решений – это участие работников в органах руководства обществ с привлекаемым капиталом. Это касается наблюдательного совета и при необходимости совета директоров или руководства предприятием. Таким образом, представители работников обладают, при оформлении порядка предприятия, значительным правом на получение информации и на непосредственное участие в важном предпринимательском планировании и решениях.

Задачи и права наблюдательного совета согласно Закону об акционерных обществах (AktG):

- Назначение и освобождение от должности членов правления и заключение с ними трудовых договоров (§§ 84 I, III, 112 AktG);
- Согласие на определённые виды сделок (§§ 111 IV, 82 II AktG), к которым относятся, прежде всего, основные решения особого экономического значения;
- Созыв общего собрания на благо общества (§ 111 III AktG);
- Установление годового отчёта вместе с правлением (§ 172 AktG);
- Право на представление отчёта в любое время (§ 90 III AktG);
- Право ознакомления и проверки касательно книг, писем и имущественных ценностей.

Эта форма предпринимательского соучастия в принятии решений нормируется в трёх законах:

22.1 Закон 1976 г. об участии трудящихся в управлении предприятием

Этому закону подчинены все общества с привлекаемым капиталом и товарищества, а также общество с ограниченной ответственностью и коммерческое коммандитное товарищество (GmbH & Co KG) с регулярно больше чем 2.000 работников. Оно содержит квази-паритетное соучастие в принятии решений в наблюдательном совете. Группе представителей владельцев долевой собственности (представители акционеров) противопоставлены в равном количестве репрезентанты работников (представители персонала). В их рядах находятся внешние (профсоюзные) представители, а также внутренние репрезентанты работников, среди которых всегда один репрезентант руководящих работников. В «патовых ситуациях» обладает председатель наблюдательного совета двойным правом голоса. Акционеры могут настоять на его назначении.

В состав совета директоров предприятия, подчиненного Закону об участии трудящихся, должен входить директор по труду для соблюдения социальных интересов коллектива. Принадлежность к представительству работников не является обязательным условием.

22.2 Закон 1951 г. об участии трудящихся в управлении предприятием горнодобывающей промышленности

Эти законы регулируют право голоса в наблюдательном совете предприятий горнодобывающей промышленности, так и металлургической и сталелитейной производительной промышленности (не обрабатывающей), как правило, с больше чем 1.000 работниками, а также в холдинговых компаниях таких предприятий, приоритет продукции которых находится или находился в горнометаллургическом секторе.

Здесь установлено паритетное соучастие в принятии решений. При равном количестве членов со стороны акционеров и работников, входит в состав наблюдательного совета, на всех предприятиях такого рода, нейтральный дополнительный участник, о выборе которого обе стороны должны прийти к обоюдному согласию. Он является, так сказать, стрелкой весов, и обеспечивает своим голосом в патовых ситуациях дееспособность и способность принимать решения наблюдательного совета в конфликтном случае.

Директор по труду является также равноправным членом совета директоров (предпринимательского совета). Он не может быть назначен в наблюдательный совет или уволен из него против большинства голосов представителей работников (§ 13 I Закон об участии трудящихся в управлении предприятием горнодобывающей промышленности, Montan-MitbestG).

Участие трудящихся в управлении предприятием горнодобывающей промышленности – это далее всего идущее регулирование права голоса.

22.2.1 Участие одной трети работников в совете предприятия

Для предприятий, которые занимают до 2.000 работников и не попадают под Закон об участии трудящихся в управлении предприятием горнодобывающей промышленности, действует Закон об участии одной трети работников в наблюдательном совете (DrittelbG).

Соответственно, для акционерных обществ, обществ с ограниченной ответственностью, обществ взаимного страхования и кооперативов, с больше чем 500 работниками, действует треть-паритетное право голоса. Наблюдательный совет состоит при этом только на одну треть из представителей работников. Если работники должны выбирать только одного или двух членов наблюдательного совета, то эти представители должны быть работниками предприятия. Только если нужно выбирать больше чем двоих (наблюдательный совет ≥ 9 членов), могут выбираться представители профсоюза как представители работников.

Формы предпринимательского соучастия в принятии решений

Модель горнодобывающей и металлургической промышленности

- Распространяется на предприятия горнодобывающей промышленности, как и металлургической и сталелитейной производительной промышленности с больше чем 1.000 работниками.
- Паритетный состав наблюдательного совета из представителей акционеров и работников.
- Нейтральный председатель наблюдательного совета.
- Директор по труду избирается в совет директоров по предложению наблюдательного совета, однако, не против большинства голосов работников.

Участие трети

- Охвачены предприятия с больше чем 500 до 2.000 работников.
- Наблюдательный совет состоит из одной трети представителей работников.

Закон 1976 г. об участии трудящихся

- Сфера действия: предприятия с больше чем 2.000 работников.
- Наблюдательный совет состоит пополам из представителей работников и акционеров; представители руководящих работников присоединяются к стороне работника.
- Акционеры могут предоставлять председателя наблюдательного совета.
- При равном количестве голосов второй голос для председателя.

23 Право охраны труда

К праву охраны труда самого широкого смысла относятся все правовые предписания, целью которых является защищать работника от опасностей, которые возможны, конкретно в его ситуации. Эти опасности вытекают из экономической зависимости при правовом оформлении трудового договора с одной стороны, и с другой стороны по причине технического оборудования, рабочих материалов и места работы, т.е. где и чем он должен выполнять свою работу. От этих опасностей защищают работников предписания, которые касаются заключения и оформления содержания трудового договора. Речь идёт, в первую очередь, об областях тарифного права и законодательстве об уставе предприятия, добиваться осуществления которых, работник должен самостоятельно, у своего работодателя. Сюда относится также обязательство работодателя, согласно которому он должен принимать меры, необходимые для предупреждения несчастных случаев и охраны здоровья (§ 618 BGB).

Помимо этого работника защищают публично-правовые предписания, которые в общественных интересах возлагают на работодателя обязанности, об исполнении которых должны заботится государство или носители государственного страхования от несчастных случаев, независимо от того преследует ли работник свои права или нет. Эти публично-правовые предписания об охране труда есть право об охране труда в узком смысле. Они разделяются согласно их содержания на социальную и техническую охрану труда.

К так называемой социальной охране труда относятся предписания об охране труда, которые служат сохранению здоровья/работоспособности и хорошего социального самочувствия, а также предписания, которые служат защите особенно нуждающихся в защите людей (подростки, матери, инвалиды).

Техническая охрана труда охватывает меры охраны труда, которые должны приниматься, чтобы защищать работника от последствий применяемой техники. К ней относятся также техническое оборудование, рабочие материалы и организация рабочего места. Задача технической охраны труда является предотвращение несчастных случаев на производстве, профессиональных или обусловленных работой заболеваний. Ясное разграничение между социальной и технической охраной труда невозможно. Предписания дополняют друг друга и часто неотъемлемо связаны друг с другом.

23.1 Социальная охрана труда

23.1.1 Закон об охране труда молодёжи

Закон об охране труда молодёжи (JArbSchG) нацелен на защиту здоровья, рабочей силы и работоспособности молодёжи. Он распространяется на рабочих лиц, не достигших 18 лет (дети и подростки) и находящихся на профессиональном обучении или на обучении схожем с профессиональным обучением, а также на работников, работающих на дому или занятых выполнением подобных услуг (§ 1 I JArbSchG). Незначительные оказания помощи исключены.

Предписания Закона об охране труда молодёжи (JArbSchG) и предписания правовых постановлений, изданных на основании закона, принадлежат к публичному праву и потому императивны.

Самые важные постановления охраны труда молодёжи:

- Постановление о запрете занятости лиц, не достигших 18 летнего возраста при нравственно угрожающей деятельности,
- Постановление о медицинских осмотрах согласно Закону об охране труда молодёжи (JArbSchUV),
- Постановление о защите детского труда (KindArbSchV).

Занятие подростков определёнными опасными работами запрещено. К ним относятся, в частности, работы, которые превосходят работоспособность подростка, как и работы при которых он подвергается нравственным опасностям (§ 22 I JArbSchG).

Запрещение заниматься профессиональной деятельностью действует, с ограничениями, также для работ,

- связанных с опасностями несчастного случая, при которых можно предположить, что подростки из-за недостаточного сознания безопасности или из-за недостаточного опыта не могут распознать их или предотвратить,
- при которых здоровье подростков подвержено опасности из-за необычной жары, холода или сильной сырости,
- при которых они подвержены влияниям шума, сотрясений, лучей, опасных веществ или биологических рабочих материалов.

Принципиально подростки не могут заниматься на аккордных работах и прочих работах, на которых увеличенным темпом работы можно достигать более высокого вознаграждения (§ 23 I Nr. 1 JArbSchG). Они не могут также заниматься на работах, на которых темп их работы, регулярно предписывается или вынуждается другим способом (§ 23 I Nr. 3 JArbSchG), например: конвейер. К тому же подростки, принципиально, не могут работать в группах со взрослыми, которые исполняют подобные работы (§ 23 I Nr. 2 JArbSchG).

Подростки могут заниматься не больше 8 часов в день и не больше 40 часов в неделю (§ 8 JArbSchG). Они могут заниматься только 5 дней в неделю, а именно с понедельника по пятницу (§ 15 JArbSchG). По субботам (§ 16 JArbSchG) и воскресеньям (§ 17 JArbSchG) подростки принципиально не могут заниматься. Этот запрет распространяется не на все деятельности. Для посещения занятий в профессиональном училище и участия в экзаменах работодатель должен освободить подростка от работы (§ 9 JArbSchG).

Подростку нужно, как минимум, предоставлять перерывы, при рабочем времени от 4 1/2 до 6 часов по 30 минут, больше чем 6 часов по 60 минут. После окончания ежедневного рабочего времени подростки могут снова работать только после 12 часов беспрерывного свободного времени (§ 13 JArbSchG). Продолжительность отпуска подростков (25 до 30 рабочих дней) дифференцирована согласно возрасту (§ 19 II JArbSchG).

Работодатель должен принимать меры, которые требуются для защиты подростков от опасностей для жизни и здоровья, а также для предотвращения причинения вреда физическому, умственному или духовному развитию подростков (§ 28 I JArbSchG). Работодатель должен давать подросткам до начала работы указания об опасностях несчастных случаев и об опасностях для здоровья, а также об устройствах и мероприятиях для предотвращения этих опасностей. О медицинском обслуживании подростков содержит Закон, об охране труда молодёжи, специальные предписания.

23.1.2 Закон об охране материнства

Закон об охране материнства (MuSchG) должен предоставлять особенную защиту женщинам и детям, незадолго до и после родов. Женщина защищена от слишком высоких физических нагрузок до полного освобождения от работы, в частности, сроками охраны материнства (6 недель до или 12 недель до, при преждевременных родах и рождениях близнецов, и 8 недель после родов). Женщины, попадающие под охрану материнства, защищены запрещением необоснованного увольнения, а также предоставлением пособий для обеспечения средств к жизни.

Для защиты беременной женщины и нерождённого ребёнка, работодатель обязан организовать рабочее место соответственно состоянию работницы (§ 2 MuSchG). В отдельных случаях уведомлённый контролирующий орган может предписывать работодателю меры, которые он должен предпринимать и соблюдать для защиты здоровья беременных.

Следующие обязанности возлагаются законом на работодателя:

1. Он должен, при оборудовании и эксплуатации рабочего места, к которому относятся также машины, инструменты, приборы, принимать меры для защиты жизни и здоровья будущих матерей. Что конкретно подразумевается под этими мерами, закон оставляет открытым (§ 3 I MuSchG).
2. Если беременная работница во время её работы постоянно стоит или ходит, работодатель должен позаботиться о возможности короткого сидячего отдыха. Если беременная женщина, выполняет сидячую работу, то ей должна быть предоставлена возможность передвигаться (§ 2 I, II MuSchG).

Закон об охране материнства (MuSchG) защищает будущих матерей и родивших, в основном, посредством

- общих запретов заниматься профессиональной деятельностью, которые распространяются на всех беременных работниц, и
- индивидуальных запретов заниматься профессиональной деятельностью, которые зависят, в конкретном отдельном случае, от состояния здоровья беременной работницы.

Некоторые запрещения заниматься профессиональной деятельностью Закона об охране материнства (MuSchG) действуют только на срок беременности, другие запрещения продолжают действовать и после рождения ребёнка. От некоторых – релятивных - запрещений заниматься профессиональной деятельностью (к примеру, срок охраны материнства перед рождением) работница может отказываться, а от абсолютного запрещения профессиональной деятельности (к примеру, срок охраны материнства после рождения) работница не может отказываться.

Все запрещения заниматься профессиональной деятельностью запрещают работодателю фактическое занятие беременной работницы или кормящей матери. Во время запрещения профессиональной деятельности работница может отказываться от выполнения работы, не нарушая при этом свои обязанности. Запрещение профессиональной деятельности не затрагивает трудовое отношение, которое продолжает существовать со всеми правами и обязанностями.

Постановление о защите матерей на рабочем месте конкретизирует индивидуальные запреты профессиональной деятельности.

23.1.3 Закон об инвалидах

Инвалиды пользуются в трудовом отношении особенной защитой Кодекса социального права, книга IX (SGB IX). Эта защита распространяется с одной стороны, на текущее трудовое отношение, в котором инвалидам предоставляется, например, особая защита от необоснованного увольнения и особые положения относительно отпуска и дополнительной работы. С другой стороны, эта защита должна также содействовать инвалидам при поиске рабочего места. Эта цель достигается тем, что работодатель, с определённым количеством работников, должен платить компенсационную пошлину, если он не принимает на работу предписанное число инвалидов.

Кроме того, работодатель должен

- проверять перед каждым замещением или преобразованием рабочего или учебного места, может ли это место заниматься инвалидом или равноправным (§ 81 I SGB IX);
- при этой проверке задействовать представительство инвалидов и заслушать, например, имеющийся производственный совет. Производственный совет может отказать в согласии для приёма на работу, если перед этим не проверялось, может ли свободное рабочее место быть занято инвалидом. Нарушение этой обязанности означает нарушение законного предписания согласно § 99 II BetrVG;
- обсуждать заявления инвалидов о приёме на работу с представительством инвалидов и сообщать его заключение производственному совету или совету персонала. Обсуждение может не происходить, если инвалид категорически отклоняет участие представительства инвалидов (§ 81 I SBG IX);
- так занимать инвалидов, чтобы они могли, как можно более полно реализовывать и совершенствовать свои способности и знания. При этом они должны первоочерёдно учитываться при внутрипроизводственных мероприятиях профессионального обучения, в целях содействия их профессиональному продвижению. Участие в непроизводственных мероприятиях должно облегчаться им в

приемлемом объёме (§ 81 IV SGB IX). Нарушение может вести к требованию о возмещении ущерба;

- содействовать инвалидам, чтобы они в соответствующей деятельности ещё могли применять свою ограниченную работоспособность (§ 81 III SGB IX). Нарушение этой обязанности может вести также к требованиям о возмещении ущерба;
- так организовывать и содержать рабочие помещения, производственное оборудование, машины и инструменты и так регулировать производство, что, по меньшей мере, предписанное число инвалидов могло бы продолжительно работать на производстве;
- особенно учитывать опасность несчастного случая;
- содействовать занятости с неполным рабочим днём (§ 81 V SGB IX);
- оснащать рабочее место необходимой приемлемой технической помощью в работе (§ 81 IV Nr. 5 SGB IX).

23.2 Техническая охрана труда

Особенность немецкой охраны труда состоит в том, что правовые нормы издают не только государственные места, но также и носители государственного страхования от несчастных случаев (профессиональные объединения). Таким образом, в зависимости от правотворящего учреждения, образуется двухколейность в праве об охране труда.

При государственном законодательстве об охране труда речь идёт в основном о законах и постановлениях Федерации. Профессиональные объединения должны заботиться всеми подходящими средствами о предупреждении несчастных случаев на производстве и об эффективной первой помощи. С этой целью профессиональные объединения имеют автономное статутное право и могут издавать правила техники безопасности

- об устройствах, распоряжениях и мерах, которые предприятие должно предпринять для предотвращения несчастных случаев на производстве,
- о поведении застрахованных необходимом для предотвращения несчастных случаев на производстве,
- о медицинских осмотрах застрахованных лиц, для предотвращения несчастных случаев на производстве (к которым относятся также профессиональные заболевания).

Правила техники безопасности обязывают только членов соответствующего профессионального объединения. Но поскольку все предприятия, которые занимают работников, принципиально являются членами профессиональных объединений и издают, как правило, идентичные правила техники безопасности, то эти правила обеспечивают существование обширной защиты работников.

Профессиональные объединения разделены по областям и имеют, как публично-правовые корпорации, наряду с задачей предупреждения несчастных случаев, задачу страхования от несчастных случаев. Их органы, правление и собрание представителей состоят на паритетных началах из представителей работодателя и представителей застрахованных. Членство в профессиональных объединениях обязательно.

23.2.1 Области регулирования охраны труда

В настоящие время существует больше 40 законов, которые касаются охраны труда. Сюда присоединяются предписания земельного законодательства, которые относятся преимущественно к строительному праву. Основным пунктом предписаний являются, с одной стороны, оборудование и рабочие материалы, с другой стороны, рабочее время и производственная организация. Технические предписания служат, прежде всего, тому, чтобы учитывать аспекты техники безопасности уже при планировании и конструкции машин и оборудования. Другие постановления формулируют, напротив, минимальные требования безопасности и гигиены, отдельных рабочих мест или для применения, например химикалий. Особое значение имеет при этом Постановление о безопасности труда на предприятии (BetrSichV), которое регулирует предоставление рабочих материалов, а также их использование и обращение с требующим контроля оборудованием.

Предметом предписаний профессиональных объединений (примерно 150) являются, например: рабочие машины швейной промышленности или химической индустрии, грузоподъёмные краны, краскопульты, экскаваторы, транспортеры, первая помощь, обозначение опасностей.

Дополнительно к законам и правилам техники безопасности были изданы постановления, административные предписания или инструкции об исполнении. Они содержат подробные указания о том, как достигать цели защиты и выполнять требования, установленные в законах или правилах техники безопасности.

Все эти предписания формулируют минимальный стандарт, который должен соблюдаться всеми предприятиями. Однако, как абстрактные общие предписания они, в основном, нуждаются в конкретизации, так как государственные постановления и правила техники безопасности не всегда, вплоть до всех необходимых деталей, могут регулировать обстоятельства технической безопасности. Для этих деталей необходима дополнительная разработка экспертов. Так ссылается Постановление о безопасности труда на предприятии (BetrSichV) относительно использования средств труда и обращения с требующим контроля оборудованием, на уровень техники как единый стандарт безопасности. Эти нормы разрабатываются объединениями самоуправления экономики и обобщаются в сводах правил. Такими учреждениями являются, например: Немецкий институт стандартизации (DIN), Объединение немецких электротехников (VDE) и Немецкое общество специалистов по газу и воде (DVGW).

Своды правил содержат стандарты качества и нормы с содержанием технической безопасности. Последние обозначаются как «правила техники безопасности». Если они оправдали себя и были признаны на практике, то речь идёт об общепризнанных правилах техники безопасности. На эти правила ссылаются многие законы, но обязывают они в отдельном случае тогда, когда не существует лучшего или, по меньшей мере, равнозначного, в плане техники безопасности, решения способного заменить признанные нормы.

По содержанию можно делить регулирования технической охраны труда на следующие области:

- рабочие места, включая производственную гигиену;
- инструменты, приборы, машины, техническое оборудование, транспортные средства;
- опасные вещества;
- личное защитное снаряжение (спецодежда);
- организация охраны труда на производстве.

23.2.2 Контроль охраны труда

Надзор за выполнением публично-правового права охраны труда, что касается государственных предписаний охраны труда, принципиально обязаны осуществлять, учреждения определённые землями (административные учреждения охраны труда/ведомства промыслового надзора).

Эти учреждения уполномочены, в частности, контролировать выполнение предписаний защиты и для этой цели осматривать предприятие и его оборудование. Должностные лица промыслового надзора должны консультировать предпринимателя при осуществлении охраны труда и сотрудничать со всеми производственными органами, в особенности с производственным советом. Служащие промыслового надзора (производственные контролёры) могут при недостатках и нарушениях закона в области охраны труда, заботиться об их устранении (давать распоряжения). При этом в отдельном случае, они могут использовать средства принуждения находящиеся в их распоряжении согласно законодательству земли. Это, как правило, выполнение за счёт обязанного лица (т.е. исполнение вынуждаемой меры за счёт работодателя), установление штрафа и прямое принуждение. Сверх того они могут распоряжаться о полном или частичном прекращении производства, а также инициировать процесс по борьбе с нарушениями общественного порядка. Другие свои задачи промысловый надзор выполняет в качестве разрешающего органа (например, котельная установка).

Носители страхования от несчастных случаев, наряду с компетентными, по законодательству земли, органами, должны с помощью служащих технического контроля наблюдать за осуществлением предупреждения несчастных случаев, консультировать участников, а также, в отдельных случаях, отдавать распоряжения о соблюдении правил техники безопасности или для отражения особых угроз несчастных случаев, или опасностей для здоровья.

23.2.3 Организация производственной охраны труда

Центральное значение для производственной организации охраны труда имеет Закон безопасности труда (ASiG). В соответствии с законом предприниматель должен назначать как производственных врачей, так и технических специалистов по безопасности труда и передавать им законом предусмотренные задачи (§§ 2, 5 ASiG).

Производственные врачи и технические специалисты должны

- поддерживать работодателя и прочих ответственных лиц во всех вопросах охраны здоровья и «безопасности труда включая гуманную организацию работы»,
- проверять на техническую безопасность производственное оборудование и технические средства труда, в особенности, перед вводом в эксплуатацию и производственные технологии перед их внедрением,
- наблюдать осуществление охраны труда и предупреждения несчастных случаев, совершать с этой целью периодический обход рабочих мест, а также сообщать об установленных недостатках работодателю и предлагать изменения,

- проверять использование средств защиты тела,
- исследовать причины несчастных случаев на производстве,
- информировать работников и прилагать все силы к тому, чтобы работники вели себя соответственно требованиям охраны труда и предупреждения несчастных случаев.

У производственных врачей есть дополнительная задача, проводить рабоче-медицинские обследования. Кроме того, они обязаны составлять план участия и обучать помощников «первой помощи». Круг задач простирается не только на предупреждение несчастных случаев, а также на гуманную организацию труда. Эта задача содержит обширное понятие охраны труда, согласно которому работа должна приводиться в соответствие с работоспособностью работника (гуманизация работы).

Чтобы гарантировать обмен опытом между производственными актёрами и координировать их работу, нужно образовывать комитет безопасности, в котором представлены наряду со специалистами также предприниматель и производственный совет (§ 11 ASiG). Дальнейшая группа, предусмотренная законом – это работники предприятия в качестве уполномоченных по техники безопасности, которые на месте заботятся об охране труда и предупреждении несчастных случаев (§ 22 SGB VII).

Состав комитета охраны труда

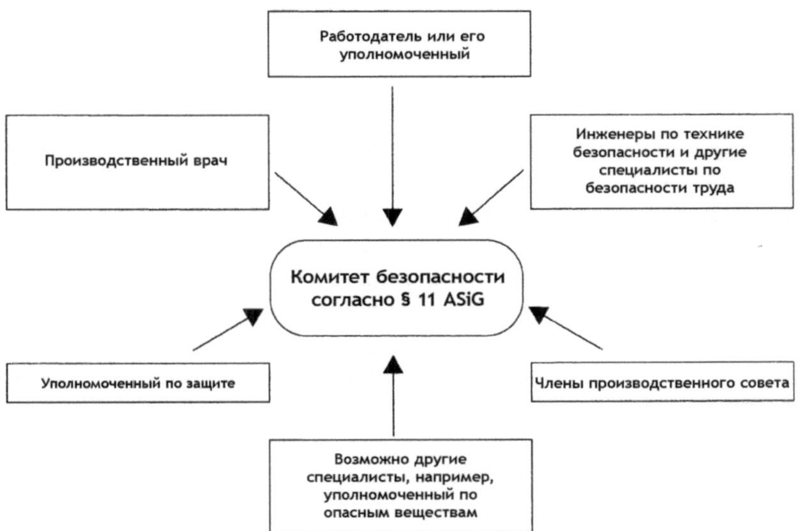

У производственного совета есть помимо совместной работы в комитете безопасности другие задачи (§ 89 BetrVG). Это:

- **наблюдательная функция,** относительно в пользу работников изданных законов, постановлений, правил техники безопасности, тарифных соглашений и коллективных договоров;
- **организационная функция,** в том, что он ходатайствует у работодателя о мерах, которые служат предприятию и коллективу;
- **задачи, касающиеся права участия,** относительно производственных положений об охране труда и вопросов по предотвращению несчастных случаев;
- **поручение содействия,** по отношению к ведомствам по охране труда;
- **право на получение информации,** об обязанностях касающихся охраны труда и предупреждения несчастных случаев и распоряжениях непроизводственных учреждений, отчёты о несчастных случаях, осмотры и т.д.

23.2.4 Ответственность за охрану труда

Принципиально несёт работодатель (предприниматель) ответственность за меры охраны труда (§ 3 ArbSchG). Однако уже на предприятиях среднего размера предприниматель не может лично заботиться об отдельных мероприятиях и деятельностях. Поэтому принципиальная компетентность по определённым отдельным обязанностям или каталогам обязанностей может и должна быть перенесена на производственных руководящих работников (§ 13 ArbSchG). Это происходит посредством соответствующего оформления трудового договора и создания эффективной организационной структуры.

При передачи соответствующих задач и предоставлении необходимого полномочия для принятия решений, ответственность переходит от уполномочивающего к уполномоченному. Он вступает неограниченно в правовое положение предпринимателя и, следовательно, отвечает за возможные ошибочные решения и таким образом за гражданско- и публично-правовые последствия. Принципиально уполномочивающий может привлекаться только лишь в том объёме, в котором он, при выборе уполномоченного, не проверил предпосылки допустимости, не предпринял передачу полномочий с необходимой добросовестностью или допустил отсутствие необходимой проверки. Выполняет уполномоченный перенесённые ему обязанности ненадлежащим образом, то предприниматель должен заменить его, так как преследуемая передачей обязанностей цель не достигнута и, следовательно, ответственность лежит дальше на предприниматели.

Самые важные уполномоченные по предприятию:

- производственный врач
- специалист по безопасности труда
- производственный уполномоченный по отходам
- уполномоченный по особым отходам
- уполномоченный по биологической безопасности
- уполномоченный по охране окружающей среды
- уполномоченный по пожарной безопасности
- уполномоченный по защите данных
- уполномоченный по опасным продуктам
- уполномоченный по защите от воздействия (экологически) вредных веществ
- уполномоченный по гигиене
- уполномоченный по защите от воздействия лазерных лучей
- уполномоченный по предприятию для водоохраны
- уполномоченный по качеству
- уполномоченный по техники безопасности
- уполномоченный по радиационной защите
- уполномоченный по аварийным случаям

24 Тарифное договорное право

Заключение тарифных договоров договаривающимися сторонами есть часть конституционной свободы коалиций (Art. 9 III GG). В рамках их тарифной компетентности и способности определяют сами стороны тарифного договора, для какой временной, территориальной, специальной и личной сферы действия они распространяют действие тарифного соглашения. Какой предмет регулирования может быть содержанием тарифных договоров определяет закон о тарифных соглашениях (TVG).

Тарифное соглашение – это письменно заключённый договор между способными к тарифу сторонами, который регулирует преимущественно содержание трудовых отношений. Заключение тарифного договора оценивается согласно положениям Германского гражданского уложения BGB о заключении договора (§§ 145 и след. BGB). Нарушения письменной формы согласно § 1 II TVG ведут к недействительности тарифного соглашения (§ 125 BGB).

Стороны тарифного соглашения – это профсоюзы, отдельные работодатели, а также объединения работодателей (§ 2 I TVG). Также руководящие организации могут заключать тарифные договора, если заключение таковых принадлежит к их уставным задачам.

Чтобы как коалиция согласно TVG обладать способностью заключать тарифные соглашения,

- коалиция должна иметь уставную задачу защищать интересы членов, как сторона тарифного договора и желать заключать тарифные соглашения. Она должна быть добровольно образованна, независима, иметь межзаводскую организацию, не иметь противников и признавать действительное тарифное право как обязательное.
- коалиция должна обладать достаточным самоутверждением по отношению к социальному противнику (=социальная мощность).

24.1 Содержание тарифного соглашения

Тарифный договор регулирует юридические отношения, которые касаются тарифных договаривающихся сторон (= обязательственные предписания) и регулирования содержаний трудовых отношений (= нормативные предписания).

Тарифные соглашения	
обязательственная часть	**нормативная часть**
• права и обязанности сторон тарифного договора относительно заключения, проведения и окончания тарифного соглашения • обязанность мира • возможно соглашение о разрешении трудовых конфликтов • обязанность воздействия	• правовые нормы о содержании, заключении и окончании трудовых отношений • правовые нормы, касающиеся производственных вопросов и вопросов права об уставе предприятия

24.1.1 Обязательственная часть тарифного соглашения

Обязательственные предписания касаются только самих сторон тарифного договора и не отражаются непосредственно на отдельном трудов отношении. Они могут иметь любое допустимое, согласно гражданскому праву, содержание. Наряду с этими обязательственными обязанностями присущи каждому тарифному соглашению две другие обязательные обязанности. Даже если тарифный договор не содержит об этом прямого соглашения, они существуют как самостоятельные договорённости, обязывающие стороны тарифного договора:

- **обязанность мира**
- **обязанность воздействия**

Обязанность мира – это требование сохранения трудового мира. Если существует тарифное регулирование, то стороны тарифного договора должны воздерживаться от любой боевой меры, которая направлена против существования данного тарифного договора (= отрицательные компоненты). Они ни только не могут побуждать других к забастовочной борьбе или поддерживать таковые, а наоборот обязаны выступать всеми позволенными средствами против боевой меры, которая угрожает тарифному соглашению (= положительные компоненты).

Обязанность воздействия требует влияния на членов объединения с целью побуждения их к тарифной верности, т.е. к поведению соответствующему тарифу и к проведению оговоренных тарифным соглашением мер.

24.1.2 Нормативная часть тарифного соглашения

Действительное, относящееся к области трудового права, содержание тарифного соглашения образуют его нормативные предписания. В противоположность обязательственной части здесь устанавливаются, такие предписания, которые регулируют правовые, а в частности трудовые отношения членов участвующих объединений, т.е. отдельных работников и работодателей.

Согласно видам тарифных соглашений отличают между типовыми соглашениями о зарплатах и окладах, тарифными договорами о зарплатах, а также между типовыми и рамочными тарифными соглашениями.

Типовое тарифное соглашение	Тарифное соглашение о зарплатах	Рамочное тарифное соглашение о зарплатах
Типовые тарифные соглашения регулируют общие условия труда как приём на работу и увольнение, способы исчисления и выплаты заработной платы, рабочее время, дополнительная работа, неполная занятость и сменная работа, служба готовности, служба по вызову, вопросы относительно отпусков и т.д.	Тарифные соглашения об окладах и зарплатах определяют размер заработной платы. К заработной плате не относятся те доходы, которые работник может требовать только в связи с его производительностью труда, в особенности дополнительные затраты в форме выкупа (надбавки к зарплате) надбавка к заработной плате при длительной работе не по месту жительства, возмещение денег за проезд, поездки к семье, и прочие дорожные накладные расходы.	Рамочные тарифные соглашения о зарплатах определяют принципы исчисления, на основе которых устанавливаются минимальные ставки заработных плат. Сюда относится, в частности, определение отдельных групп заработной платы и принципы поощрительных премий и прочих дополнительных вознаграждений, как надбавки за работу в трудных условиях, принципы причисления к определённой категории и обеспечение заработка при смене группы.

Из-за их нормативного характера привязаны тарифные соглашения, как и законы, к основным правам. Их содержание не может, например, нарушать равенство перед законом (Art. 3 GG), свободу коалиций (Art. 9 III GG) и свободу профессии (Art. 12 GG).

Условие применимости тарифного соглашения на определённое трудовое отношение состоит в том, что данное трудовое отношение попадает в сферу действия тарифного договора (§ 4 I TVG). Сферу действия нужно различать на временную, территориальную, специальную и личную сферу. Кроме того, стороны должны быть связаны обязательством по тарифному договору. Тарифное обязательство существует, если работник и работодатель являются членами объединения, которое договаривалось о тарифном соглашении (§ 3 TVG). Таким образом, существует право работодателя, делать различие между связанными тарифным обязательством и прочими работниками. Подобное разное отношение не нарушает принцип надёжности и доверия (§ 242 BGB), а также обязанности поддержки работника и принцип равенства перед законом.

24.2 Обязательное для всех соглашение тарифного договора

Как средство распространения тарифного обязательства на аутсайдеров служит обязательное для всех соглашение тарифного договора. Таким образом, обязуются нормативной частью все работодатели и работники, которые попадают в сферу действия договора, даже если они не принадлежат ни одной из договаривающихся сторон (§ 5 TVG). Условия:

- Наличие действительного тарифного соглашения.
- Тарифное соглашение должно и без того уже иметь значение для, по меньшей мере, половины всех работодателей, так как они принадлежат к союзу работодателей.
- Обязательное для всех соглашение тарифного договора должно являться необходимым в общественном интересе.
- Должно существовать формальное заявление стороны тарифного договора об обязательном для всех соглашении тарифного договора.

За процесс обязательного для всех соглашения тарифного договора отвечает Федеральный министр по труду. Своё полномочие он может передавать на земельных министров по труду. Если он хочет удовлетворить ходатайство, то ему необходимо согласие тарифной комиссии, которая состоит из 3 работополучателей и представителей работодателей, которые назначены головными организациями объединений.

Есть три возможности прекращения обязательного для всех соглашения тарифного договора:

1. Обязательное для всех соглашение тарифного договора может прекращаться той же процедурой, которой оно было объявлено.
2. Обязательное для всех соглашение тарифного договора кончается автоматически с окончанием тарифного соглашения.
3. Обязательное для всех качество прекращается, относительно изменённых определений, при изменении договора договаривающимися сторонами.

Экономические группы имеющие, как правило, обязательное для всех соглашение тарифного договора:

- садоводство, организация ландшафта и лесное хозяйство,
- профессия и индустрия при камнях и землях, керамике и стекле,
- профессия в деревообрабатывающей отрасли,
- пищевая и пищевкусовая промышленности,
- строительство,
- торговля,
- гостиничное и ресторанное дело,
- уборка и уход за телом,
- издательское дело,
- промысел, заключающийся в осуществлении сторожевой охраны.

24.3 Непосредственность и обязательность

Тарифные нормы влияют на отдельное трудовое отношение без необходимости на то совпадения волеизъявлений, согласия или знания связанных тарифным обязательством работников и работодателей. Это влияние называется непосредственностью.

К этому добавляется обязательность (§ 4 III TVG), т.е. стороны трудового договора принципиально не могут договариваться об определениях, отличных от тарифа, соглашениях. Свобода заключения договоров, которая обычно действует в юридической жизни, ограничивается, в определённом объёме, тарифным соглашением. Любая договорённость, которая противоречит содержанию тарифного договора, принципиально недействительна.

В двух случаях обязательность устранена (§ 4 III TVG),

- если стороны тарифного договора допустили отклонение от тарифного соглашения или,
- если отклонение ведёт к улучшению положения работника.

24.4 Прекращение прав по тарифу

Обязательность тарифных прав гарантируется определением § 4 IV TVG, согласно которого прекращение тарифных прав возможно, только:

- на основании прямого тарифно-договорного соглашения,
- за истечением срока давности,
- если отказ происходит в форме мирового соглашения, которое принято сторонами тарифного договора. При этом абсолютно неважно, идёт речь о судебном или внесудебном мировом соглашении.

24.5 Окончание тарифного соглашения

Тарифный договор кончается,

1. если он был заключён ограничено сроком, то при наступлении упомянутого срока,
2. соглашением сторон тарифного договора,
3. если назначенного срока не существует, то увольнением стороны тарифного договора.

Тарифное соглашение не кончается выходом работодателя из объединения, которое заключило тарифное соглашение (§ 3 III TVG).

24.6 Последующее действие тарифного соглашения

Действие тарифного соглашения, после его окончания, различны для социальных партнёров и сторон трудового договора. В то время как права и обязанности первых из обязательной части, а именно обязанность мира и обязанность воздействия, прекращаются, продолжают существовать права и обязанности из нормативной части (= последующее действие тарифного соглашения, § 4 V TVG). Нормы тарифного соглашения продолжают действовать, до тех пор, пока они не заменяются другой договорённостью (коллективные договора или отдельно-договорное соглашение).

Если стороны не приходят на добровольной основе к согласию об устранении последующего действия тарифного соглашения, то остаётся только расторжение трудового договора, в частности возможность расторжения договора с одновременным предложением заключить новый договор с изменениями.

Последующее действие тарифного соглашения простирается, тем не менее, не на все нормы. Так, например, нормы о заключении (обоснование трудовых отношений) не имеют последующего действия. Определения тарифного соглашения могут иметь последующее действие только на те трудовые отношения, на которые их действие распространялось уже во время существования договора, а не на те, которые были заключены только после его окончания.

24.7 Закон о направлении работополучателей

Закон о направлении работополучателей (AEntG) регулирует случаи направления работников иностранных предприятий в Германию.

Целью AEntG является защита немецких предприятий соответствующих отраслей от иностранных производителей услуг, ввиду растущего давления со стороны конкурентов.

AEntG отличается следующими положениями:

- Направленные работополучатели попадают под обязательное для всех соглашение тарифного договора относительно минимальной заработной платы, продолжительности отпуска и размера отпускных денег. Иностранные предприниматели подчинены процессу отпускных касс. Охвачены также работодатели передающие работников внаём.
- Тарифные минимальные условия могут распространяться на посланных в Германию работополучателей посредством правового предписания.
- Для иностранных работодателей действуют расширенные обязанности по отношению к их работникам в Германии: обязанность регистрации, обязанность учёта, обязанность хранения.
- Согласно генеральной ответственности предпринимателей § 1a AEntG, предприниматель несёт ответственность за то, что для него действующие субподрядчики платят минимальную зарплату и вносят взносы для общего учреждения сторон тарифного договора.

При нарушениях грозят штрафы до 500.000 € или до 25.000 €.

Согласно § 6 AEntG заказчики, от денежного штрафа в размере 2.500 €, отстранены от государственных заказов на соответствующий срок, вплоть до подтверждения восстановления их надёжности.

Действительные и посредством правового предписания обязательные тарифные соглашения минимальной заработной платы, на основе закона о направлении работополучателей (AEntG), существуют в настоящее время в профессиях связанных с электроникой в строительной и демонтажной отрасли, в малярных и лакировочных профессиях, в кровельном ремесле, почтовых услугах, а также в уборке помещений.

25 Забастовочная борьба

Если стороны тарифного договора не могут договориться в рамках конфликта, то в их распоряжении находится, как последнее средство, забастовочная борьба. Средством забастовочной борьбы со стороны работников является при этом забастовка, а средством со стороны работодателя локаут.

25.1 Забастовка

Забастовка – это совместное и планомерно проведённое прекращение работы большого числа работников, для того, чтобы произведённым давлением достигнуть определённой цели и по окончании борьбы возобновить работу. Для легитимности забастовки юрисдикция установила следующие требования:

Профсоюзная организация

Забастовка может проводиться только профсоюзом с целью заключения тарифного соглашения. Если это не так, то речь идёт о «дикой забастовке», которая является противоправной.

Допустимая цель борьбы

Целью забастовки должно являться заключение тарифного соглашения, т.е. забастовка может проводиться, если спорный пункт регулируется тарифом и профсоюз хочет оказать давление на сторону работодателя. Не допустимы забастовки солидарности, а также забастовки для достижения политических целей и демонстрации, для оказания давления на правительство.

Соблюдение обязанности мира

Забастовка допустима только, если обязанности мира больше не существует. Поэтому до тех пор, пока тарифное соглашение имеет силу, меры забастовочной борьбы запрещены. То же самое действует, если между тарифными партнёрами было договорено о конфликтной комиссии, которая должна улаживать тарифные споры. Предусмотренные в подобном соглашении сроки нужно соблюдать при вступлении в забастовочную борьбу.

Принцип необходимости

Действует принцип последнего средства воздействия. Это означает, что бастовать можно только тогда, когда тарифные переговоры потерпели неудачу, т.е. профсоюзы и работодатель (союз работодателей) не пришли к согласию. Формально объявляться о неудаче ненужно. Уже перед провалом переговоров может выдерживаться короткая предупредительная забастовка (угрожающее поведение).

Корректность

Забастовка должна проводиться по правилам корректной борьбы и не может иметь своей целью уничтожение противника. По принципу корректного ведения борьбы не должна иметь место грубо противоречащая правде или подстрекающая боевая пропаганда, а также угроза применения силы и применение силы. Преднамеренные нарушения этих принципов профсоюзом делают всю забастовку противоправной.

Из принципа корректного ведения борьбы вытекает также обязанность профсоюза организовать чрезвычайную службу, если она необходима для предотвращения несоразмерно высокого ущерба или чтобы гарантировать общественную безопасность. В обязанности чрезвычайной службы входят, в частности, т.н. поддерживающие работы, которые необходимы для сохранения оборудования и средств производства.

Восстановление трудового мира

После окончания забастовки обе стороны должны по возможности способствовать скорейшему и обширному восстановлению трудового мира.

Соблюдение законных запретов борьбы

Забастовка не может нарушать законы. Таким образом, незаконна забастовочная борьба между работодателем и производственным советом (§ 74 II BetrVG) и забастовка чиновников (Art. 33 V GG).

25.2 Локаут

Локаут – это одним или несколькими работодателями предпринимаемое планомерное, ограниченное сроком или бессрочное отстранение от работы всех или большинства работников; он служит определённой цели забастовочной борьбы. Локаут, который целенаправлен исключительно против членов профсоюза, не затрагивая при этом неорганизированных работников, является незаконным (нарушение свободы коалиций).

Для легитимности локаута действуют в основном те же принципы, как и для забастовки:

- Локаут должен быть пригодным и необходимым для достижения цели забастовочной борьбы и последующего трудового мира. Он должен представлять последнее возможное средство воздействия.
- Правила корректной борьбы нужно соблюдать; локаут не должен быть нацелен на уничтожение противника.
- Как правило, территория действия тарифа должна рассматриваться, как соразмерная граница зоны проведения забастовочной борьбы. Дальнейшее расширение зоны борьбы локаутом обычно не требуется для установления равновесия переговоров.
- Количество отстраненных должно быть соразмерно числу бастующих.
- После окончания локаута стороны тарифного соглашения должны способствовать быстрому и обширному восстановлению возможности спокойно работать.

По достижении цели забастовочной борьбы, при локауте нужно отличать, является ли предложение работникам приступить к работе достаточным (= суспендирующий локаут) или необходимы переговоры об их восстановлении на работе (= ликвидирующий локаут).

Ликвидирующий локаут является по сравнению с суспендирующим локаутом более жёстким средством борьбы со стороны работодателя. По принципу соразмерности он допустим только, если суспендирующий локаут представляется недостаточным для достижения экономических целей стороны работодателя.

25.3 Влияние на трудовые отношения

Влияние забастовочной борьбы на права и обязанности сторон трудового договора зависит от законности предпринятой меры забастовочной борьбы.

Законной забастовкой трудовое отношение не ликвидируется, а только суспендируется. Взаимные права и обязанности временно бездействуют:

- Работники которые участвовали в забастовке не получают заработную плату.
- Отпуск оканчивается участием в забастовке. Если работник уезжает и забастовка заканчивается до его возвращения, то он отсутствует без уважительной причины. Заработная плата за отпуск и отпускные деньги не выплачиваются за время забастовки.

- Во время болезни для бастующих не существует права дальнейшей выплаты заработной платы.
- У бастующих нет правопритязания к работодателю на прибавку к пособию по материнству.

Участие работника в правомерной забастовке не даёт работодателю право чрезвычайного увольнения. Участие в правомерной забастовке также не даёт бастующим работникам права наносить вред имуществу работодателя или нападать на начальников и работников готовых работать. Запрещено также предотвращать вход и выход товаров и клиентов, а также препятствовать работникам, готовым работать, входить на предприятие, если действия бастующих выходят за рамки словесных убеждений принять участие в забастовки.

Если забастовка противоправная, возникает право требования прекращения и, в конечном итоге, также право возмещения ущерба между спорящими лагерями.

Работник, который участвует в противоправной забастовке, совершает нарушение трудового договора. Работодатель может уволить его бессрочно в том случае, если работник виновен в своих действиях, т.е. если ему были известны обстоятельства, из которых следовала противоправность забастовки. Против профсоюза, который проводит противоправную забастовку и против работников, которые виновным образом – также только по неосторожности – участвуют в противоправной забастовке, работодатель может предъявить требования возмещения ущерба.

Во время законного суспендирующего локаута основные обязанности по трудовому договору бездействуют. После окончания локаута работодатель должен отменить суспендирование в рамках производственных возможностей и снова допустить к работе отстранённых работников. Во время суспендирующего локаута отдельные работники могут расторгать трудовое отношение в любое время с соблюдением предусмотренных сроков или бессрочно. Закон запрещающий необоснованное увольнение (KSchG) не находит согласно § 23 KSchG применения в рамках забастовочной борьбы. Также § 9 MuSchG не действует.

Даже если трудовые отношения действенно окончились ликвидирующим локаутом, работодатель может отклонять восстановление работника на рабочем месте, только если это соответствует справедливому усмотрению. Это случается, как правило, только тогда, когда рабочее место затронутого работника окончательно занято или отменено производственными мерами.

При противоправном локауте все права и обязанности из трудового отношения продолжают существовать; т.е. кроме всего прочего работник обладает правом на занятость и заработную плату. Если работодатель отказывает в занятости он находится в просрочки в принятии, у работника, в этом случае, есть правопритязание на заработную плату, согласно § 615 BGB. Наряду с правопритязанием на заработную плату работник имеет право на обычное или чрезвычайное увольнение.

25.4 Правовые последствия для третьих лиц

Трудовые отношения работников, которые не участвуют в забастовке, остаются без изменений. Если работник не может из-за забастовки выполнять свою работу, то он обязан соглашаться на другие приемлемые работы. Это не распространяется на «штрейкбрехер-работы», т.е. работы которые бы выполнялись бастовщиками. Работники готовые работать теряют право на заработную плату, если выполнение работы из-за забастовки стало невозможным (например, вследствие частичной забастовки всё предприятие остановилось).

Влияния забастовок могут распространяться также и на не участвующих непосредственно в забастовочной борьбе третьих лиц.

Работники в не охваченных забастовкой предприятиях, которые из-за забастовки (например, недостаток материала) не могут продолжать работу, не имеют правапритязания на заработную плату за время простоя, если воздействие забастовки на неохваченном забастовкой предприятии может повлиять на соотношение сил ведущих борьбу сторон, например, если относящиеся к косвенно затронутому предприятию объединения и объединения, ведущие борьбу идентичны или организационно тесно связанны друг с другом. При установлении какие работники и в каком объёме должны прекращать работу, обладает производственный совет правом участия (§ 87 I Nr. 2, 3 BetrVG). Это право участия не действует из-за принципа нейтралитета производственного совета во время забастовочной борьбы (§ 74 II BetrVG), если часть работников представленная производственным советом сама бастует или отстранена от работы.

Получат ли работники, затронутые заочным влиянием, пособие частично безработным, зависит от того, относится предприятие, на котором работают затронутые работники, к территориальной и специальной сфере действия спорного тарифного соглашения (§ 146 I SGB III). Точно также не существует права на получение пособия (§ 146 III SGB III),

1. если затронутые работники работают на предприятии, которое не попадает в территориальную, однако, попадает в специальную сферу действия спорного тарифного соглашения,
2. если было предъявлено требование, которое по виду и объёму соответствует основному требованию забастовочной борьбы, но не обязательно абсолютно совпадающее с ним,
3. если результат забастовочной борьбы, по всей видимости, будет перенят по большей части в территориальную сферу действия не спорного тарифного соглашения (заместительная забастовочная борьба).

25.5 Забастовочная борьба и устав предприятия

Работодатель и производственный совет не могут предпринимать меры забастовочной борьбы друг против друга (§ 49 BetrVG). Тем не менее, служба производственного совета не мешает ему участвовать в качестве работника в провозглашённой его профсоюзом забастовочной борьбе.

Права участия производственного совета бездействуют во время забастовочной борьбы, несмотря на участие в забастовке в той мере, в какой вследствие этого мог бы нарушиться паритет борьбы. Следовательно, изменения правил внутреннего распорядка, вопросы рабочего времени, персональные меры и т.д. свободны от права голоса во время забастовки, если они становятся необходимыми на основе забастовочной борьбы.

Допустимость общих собраний работников предприятия во время забастовки зависит от того, сохраняется ли при этом мир на производстве. Собрания, которые служат содействию забастовки, не являются общими собраниями предприятия.

26 Юрисдикция судов по трудовым спорам

Юрисдикция судов по трудовым спорам образует выделенную из общей юрисдикции гражданских судов отрасль юрисдикции. Наряду с принципами для всей системы правосудия действуют специальные предписания закона о судах по трудовым спорам (ArbGG), который ссылается неоднократно, из-за сходства с процессом общей юрисдикции гражданских судов, на предписания закона о судоустройстве (GVG) и Гражданский процессуальный кодекс (ZPO). В материально-правововом плане следует, прежде всего, учитывать ссылку на определения Гражданского процессуального кодекса (ZPO) об ограничениях описи заработной платы должника (§§ 850 и след. ZPO).

Закон о судах по трудовым спорам (ArbGG) регулирует, в первую очередь, компетентность судов по трудовым вопросам, их устройство, ход процесса, а также процессуальная правоспособность сторон и процессуальное представительство.

26.1 Суды по трудовым вопросам

Суды по рассмотрению трудовых вопросов – это суд по трудовым спорам (ArbG), суд земли по трудовым делам (LAG) и Федеральный суд по трудовым конфликтам (BAG) (§ 1 ArbGG). С организационной точки зрения суды по трудовым вопросам подчинены министерству социального обеспечения или министерству труда и занятости.

Суды по рассмотрению трудовых вопросов – это коллегиальные суды во всех трёх инстанциях, которые заняты как профессиональными судьями, так и равноправными судьями на общественных началах. Только постановления и решения, которые принимаются без устного слушания дела, издаёт председатель принципиально один. Профессиональные судьи, как председатели, должны иметь пригодность к судейской должности. В коллегиальных судах действуют всегда два общественных судьи, причём один должен принадлежать кругу работодателей и один кругу работников. Общественные судьи назначаются на 5 лет по предложениям объединений работодателей и работников (§§ 16 II, 35 II ArbGG).

Суды по трудовым спорам – это во всех случаях суды поступления (§ 8 I ArbGG). Суды земли по трудовым делам – это высшие суды земли. Как и суды по трудовым спорам они разделены на палаты и заняты председателем и двумя общественными судьями. Во второй инстанции им подведомственны

- аппеляционные жалобы против приговоров суда по трудовым спорам (§ 8 II ArbGG) и
- жалобы против решений суда по трудовым спорам (§ 8 IV ArbGG).

Федеральный суд по трудовым конфликтам (BAG) – это третья и последняя инстанция подсудности трудовых дел. Он разделён на сенаты. Каждый сенат действует с 5 судьями: председателем, двумя другими профессионально-судебными заседателями и двумя общественными судьями. В отличие от суда по трудовым спорам (ArbG) и суда земли по трудовым делам (LAG) преобладают профессиональные судьи (§ 41 II ArbGG). Компетентность Федерального суда по трудовым конфликтам (BAG) распространяется на

- ревизии против приговоров судов земли по трудовым делам (LAG) и обжалование решений суда первой инстанции в ревизионную инстанцию, минуя апелляционную инстанцию (§§ 8 III, 72, 76 ArbGG),
- срочная жалоба на отклонение апелляции (§ 77 ArbGG),
- жалоба, поданная на нарушение судом формального или материального права в принятом им решении в порядке вынесения решений (§§ 8 V, 92 ArbGG),
- обжалование отказа в допущении или жалоба, поданная на нарушение судом формального или материального права (§§ 72a, 92a ArbGG).

26.2 Виды судебного процесса

Рабоче-судебный процесс обнаруживает по сравнению с прочими судебными процессами несколько особенностей, которые учитывают потребности рабоче-судебного процесса. Таким образом, заняты также суды по трудовым конфликтам общественными судьями; в первой инстанции не существует обязательного участия адвоката и для проигравшей стороны не существует долга несения издержек противника. Особенность состоит также в том, что через небольшой срок после подачи жалобы происходит, так называемое, примирительное разбирательство, как попытка уладить спор мирным путём.

Закон о судах по трудовым спорам (ArbGG) различает два вида судебного процесса:

- порядок оглашения приговора и
- порядок вынесения решений.

Порядок оглашения приговора более частый (§§ 46 и след. ArbGG). Здесь суд решает, как правило, о правах работодателей и работников, вытекающих из трудовых отношений. Решение принимается в форме приговора. Этот процесс схож, за некоторыми исключениями, с общим гражданским судопроизводством при участковых судах и судах земли.

В порядке вынесения решений решается, прежде всего, о применении и истолковании закона об уставе предприятия (§§ 80 и след. ArbGG). На место тяжущихся сторон вступают «участники». В процессе принимается решение. Этот процесс практически не имеет сходства с гражданским производством по спорному вопросу.

Оба судебных процесса отличаются тем, что в процессе приговора действуют равные процессуальные принципы, как и в гражданском процессе. В процессе вынесения решений, напротив, суд по трудовым конфликтам исследует обстоятельства дела в рамках поданных заявлений по долгу службы (= принцип, согласно которому суд обязан исследовать все предоставленные ему по делу факты).

Список ключевых слов

Балансирование интересов 62

Внештатные сотрудники 8

Декретное время 38
Договор о прекращении трудового правоотношения по взаимному согласию 54
Договорная свобода 11
Договорное установление 10
Документы, связанные с трудовым отношением 75
Долг надёжности 17
Дополнительная оплата за работу в праздничные дни 35

Европейский производственный совет 98

Забастовка 129
Забастовочная борьба 129
Заболевание ребёнка 39
Заключение договора 11
Законодательство об уставе предприятия 81
Запрет необоснованного увольнения 61
Запрет необоснованного увольнения, особый 67
Запрещение конкуренции 18, 72
Защита инвалидов 94

Изобретения 48
Индивидуальные права 85
Источники права 2

Кадровые вопросы 90
Классификация трудового права1
Комитет по экономическим вопросам 84
Комитет представителей 100
Компенсация 54
Компенсация за зимний простой 47
Курортное лечение 35

Локаут 130

Массовые увольнения 69
Место работы 16

Надомная работа 32
Невозможность 44
Неплатежеспособность 51
Неполная занятость 25
Неполная занятость 47
Неполная занятость в старости 55
Нетрудоспособность 33

Обеспечение в старости 74
Обеспечение зарплаты 19
Обратная выплата 74
Общее собрание предприятия 84
Обычное увольнение 58
Обязанность неразглашения тайны 18
Обязанность оплаты труда 18
Обязанность охраны труда 18
Обязанность попечения 21
Обязанность предоставления работы 19
Обязательное для всех соглашение тарифного договора 125
Ограничение срока 23, 53
Окончание 52
Освобождение от работы 71

Основания увольнения 62
Основания увольнения, определяемые ненадлежащим поведением 64
Особый запрет необоснованного увольнения 67
Ответственность 41
Ответственность за недостачу 42
Отказ 76
Отменяющий приговор 53
Отношение профессионального обучения 29
Отпуск 36
Охрана материнства 38, 114
Охрана труда молодёжи 112
Ошибочный трудовой договор 52

Пенсионный возраст 53
Передача работника внаём 28
Переход предприятия к другому владельцу 49
Поиск работы 72
Помехи в исполнении обязательства 44
Порядок вынесения решений 136
Порядок оглашения приговора 137
Пособие по безработице 45
Поступление увольнения 56
Право охраны труда 111
Право представительства персонала 105
Право тарифных соглашений 122
Предпринимательское соучастие в принятии решений 108
Предприятие 6
Представительство инвалидов 102
Представительство молодёжи 85
Преобразования 50
Примирительная инстанция 95
Пробное трудовое отношение 23
Продолжение выплаты заработной платы 33
Производительность труда 14
Производственное обеспечение по старости 74
Производственный совет 81
Производство 6
Просрочка 45
Профессиональное обучение 91
Процесс по защите от необоснованного увольнения 68

Работа по совместительству 17
Работник 6
Работодатель 6
Рабочее время 15
Рабочее место 89
Рабочий процесс 89
Ранговый порядок 4
Расторжение договора с одновременным предложением заключить новый договор с изменениями 61
Рационализаторские предложения 48

Сверхурочные часы 16
Свидетельство 77
Свободное время для поиска работы 72
Связанные с личностью основания увольнения 63
Смерть работника 53
Соблюдение равенства 19
Содержание трудового отношения 13
Содержание увольнения 57
Соучастие 87
Социальная охрана труда 113
Социальные вопросы 88

Социальный план 69
Справка 80
Схожее с работополучателем лицо 7

Телеработа 32
Техническая охрана труда 116
Трудовое отношение 9
Трудовой договор 9
Трудовой договор на временную работу 26

Увольнение 56, 92
Увольнение по производственным причинам 65
Ученический отпуск 38

Чрезвычайное увольнение 59

Экономические вопросы 93

Юрисдикция судов по трудовым делам 135

Korenke
Das deutsche Sozialversicherungsrecht Kompaktwissen für die Praxis

Das deutsche Sozialversicherungsrecht umfasst die fünf verschiedenen, im Sozial- gesetzbuch kodifizierten Zweige der Sozialversicherung. Das sind die Arbeits- losenversicherung, die gesetzliche Kranken-, Renten- und Unfallversicherung sowie die soziale Pflegeversicherung. Das Sozial- versicherungsrecht dient ebenso wie das Arbeitsrecht in erster Linie dem Schutz der abhängig Beschäftigten. Allerdings sind die Rechtsbeziehungen zwischen den Trägern der Sozialversicherung (Bundesagentur für Arbeit, Kranken- und Pflegekassen, Berufsgenossenschaften, Rentenversicherung etc.) öffentlich-rechtlicher Natur.

Der vorliegende Titel gibt einen praxisorientierten Überblick über die wichtigsten Begriffe und Institute der Sozialversicherung. Ausführlich behandelt werden vor allem die Ansprüche der Versicherten auf Arbeitslosen- und Krankengeld, auf Rente wegen ver- minderter Erwerbsfähigkeit, auf Verletztenrente nach einem Arbeitsunfall sowie auf Pflegegeld. Überdies werden in dem jeweiligen Kontext die Rechtsmittel des Widerspruchs und der Klage beim Sozialgericht dargestellt.

ISBN 978-3-941388-03-1 Preis der Printausgabe: 19,80 €

Pulte
Beteiligungsrechte des Betriebsrates außerhalb der Betriebsverfassung
Kompaktwissen für die Praxis

Die betriebliche Mitbestimmung der Arbeitnehmer regelt das Betriebsverfassungsgesetz. Darin ist die Zusammenarbeit zwischen Arbeitgeber, Belegschaften, Betriebsrat, Gewerkschaften und Vereinigungen des Arbeitgebers festgelegt. Es beinhaltet die Regelungen von der Wahl des Betriebsrats als Interessenvertretung der Arbeitnehmer über seine Aufgaben bis zu seinen Rechten. Geregelt werden darin im Einzelnen Informations-, Anhörungs- und Mitwirkungsrechte des Betriebsrats.

Neben den Regelungen im Betriebsverfassungsgesetz sind in zahlreichen anderen Gesetzen, Verordnungen und Anordnungen Rechte und Pflichten des Betriebsrates geregelt bzw. dessen Einbeziehung vorgesehen.

In der Reihe „Kompaktwissen für die Praxis“ wird eine neue Übersicht veröffentlicht, die nach Sachgebieten geordnet den wesentlichen Regelungsinhalt beinhaltet.

ISBN 978-3-941388-01-7 Preis der Printausgabe: 19,80 €

Pulte

Das deutsche Arbeitsrecht

Kompaktwissen für die Praxis

In erster Linie will das Arbeitsrecht die Rechtsbeziehungen zwischen Arbeitgeber und Arbeitnehmer - den Parteien des Arbeitsrechts - und deren Organisationen und Interessenvertretern regeln. Darüber hinaus dient es dem besonderen Schutz aller in abhängiger Tätigkeit stehender Personen. Im Vordergrund des Arbeitslebens steht der Mensch mit seiner persönlichen Arbeitsleistung.

Der Titel vermittelt kompakt und übersichtlich die vielseitigen Facetten des Arbeitsrechts. Von der Einstellung über die Durchführung bis zur Beendigung des Arbeitsverhältnisses werden alle Aspekte dargestellt, die in einem Arbeitsleben auftreten können. Aber auch die kollektivrechtliche Seite Betriebsverfassung, Tarifordnung, Streikrecht, das Arbeitsschutzrecht und das arbeitsgerichtliche Verfahren sind in die Darstellung aufgenommen worden.

Das Buch aus der Reihe „Kompaktwissen für die Praxis“ bietet sich somit sowohl zum Studium als auch für die praktische Orientierung als ein bedeutsames Hilfsmittel an.

ISBN 978-3-941388-00-0 Preis der Printausgabe: 19,80 €

Bontrup, Hansen

Personalmanagement

Kompaktwissen für die Praxis

Das Buch Personalmanagement ist eine Aufsatzsammlung von prominenten WissenschaftlerInnen und PraktikerInnen.

Neben Fragen der Personalplanung und des Personal- controllings werden das Problemfeld der Führung im Unternehmen sowie die Theorie und Praxis aktueller Manage- mentkonzepte zur Modernisierung der Arbeitsorganisation angesprochen. Weitere Aufsätze beschäftigen sich mit einem internationalen Vergleich der Arbeitszeitorganisation im Betrieb und mit der theoretischen Analyse des Arbeitsentgeltes in Form eines volks- und betriebswirtschaftlichen Diskurses.

Den Abschluss des Buches bildet ein Beitrag zur Unternehmenskultur, Partizipation und Mitbestimmung.

Die vorgelegte Aufsatzsammlung eignet sich sowohl für Studierende der Wirtschaftswissenschaft mit den Schwer- punkten Arbeitsökonomie und Personalbetriebswirtschafts- lehre als auch für Praktiker im Bereich des Personal- management sowie für unternehmerische und betriebliche Mitbestimmungsträger.

ISBN 978-3-941388-17-8 Preis der Printausgabe: 19,80 €

http://www.vprm.de